साम्यवाद ही क्यों

साम्यवाद ही क्यों

राहुल सांकृत्यायन

GYAN

Published by

Gyan Publishing House
5, Ansari Road
Daryaganj, New Delhi-110002
Phone: 011-47034999, 9811692060
E-mail: books@gyanbooks.com

Distribution Network
gyanbooks.com
India, USA, Canada, UK, Australia

ISBN: 978-93-7097-403-6 (HB)

First Published, 1945

2nd Impression 2025

Printed at: Gyan Press, Delhi.

साम्यवाद ही क्यों

Author: **राहुल सांकृत्यायन**

साम्यवाद ही क्यों ?

राहुल सांकृत्यायन

विषय-सूची

दो शब्द

१६१८ ई० में मेरी इच्छा हुई, साम्यवादी मानव संसारका एक चित्र खीचनेकी; उसका खाका मैने उसी वक्त बना लिया था; किन्तु १६२१ ई० तक फिर आगे बढ़नेका अवसर न मिला। १६२'का प्रयत्न भी अधूरा और असन्तोष-जनक रहा, फिर १६२३ ई०में मैने उसे पूरा किया, जो कि "बाईसवी सदी"के नामसे १६३१मे पाठकोके सामने आ चुका है। उस वक्त आशा नही रखता था, कि मै इस छोटी पुस्तिकाके लिखनेमें हाथ डालूँगा। लेकिन हिन्दीमें साम्यवादपर इस तरहकी एक भी पुस्तकका न होना बुरी तरह खटक रहा था। १६३२ ई०में यूरोप-यात्रासे लौटते वक्त जहाज हीपर मैंने इसका खाका बनाया था; और आशा रखता था, १६३३ ई० हीमे इसे लिख डालूँगा, किन्तु १६३३ ई०की गर्मियोकेलिए मैंने जितना काम लिया था, वह समयकी दृष्टिसे बहुत अधिक था, और फलतः इसे न कर सका। अबकी बार ल्हासामें रहते वक्त इसे लिख डालना पहिले हीसे निश्चय कर लिया गया था, और आज वह निश्चय पूरा हो रहा है।

पुस्तक ऐसे ही लोगोंके लिए लिखी गई है, जिन्हे अंग्रेजी या दूसरी भाषाओंमें इस विषयके सुन्दर ग्रन्थोंके पढ़नेका अवसर नही है, या जो लेखककी तरह ही स्वयम्भू पडित हैं। "बाईसवी सदी"को लिखते वक्त तक लेखक अर्थशास्त्र और साम्यवाद दोनोके ज्ञानसे बिल्कुल कोरा था। इस पुस्तकके लिखते वक्त कमसे कम साम्यवादके बारेमें वैसा तो नहीं कहा जा सकता, तो भी उसका ज्ञान इस विषयका बहुत हल्का है। ग्रन्थ, विशेषकर, अपने हृदयकी उठती शंकाओंके समाधानकी दृष्टिसे लिखा गया है। आधुनिक सभ्यता और उसके साधनोंसे सुदूर ल्हासा नगरमें लिखनेके कारण लेखकको आवश्यक ग्रन्थोंसे कुछ भी सहायता

लेनेका अवसर नहीं मिला। एक प्रकारसे इसे कलम-कागज-स्याही और दिमागके सहारे ही लिखा गया है; फिर ऐसे काममें त्रुटि न रहे तो यह बड़े आश्चर्यकी बात होगी। लेखकके एक मित्रने बात चलते वक्त कहा था—"साम्यवाद ही क्यों" अच्छा होगा, किन्तु आपको "साम्यवाद कैसे होगा" इसपर भी लिखना चाहिए। लेखकके असमर्थता ज़ाहिर करनेपर, उन्होंने असन्तोष प्रकट किया। मैंने उसपर कई बार सोचा, किन्तु मैं अपनेको उसके लिए बिल्कुल अयोग्य और ना-तैयार समझता हूँ।

ग्रन्थकी भूमिका "गंगा"के पुरातत्त्वांकमें छपी थी। [पहिले और दूसरे अध्याय "विशाल भारत" (१६३४ ई०)मे और बाक़ी कितने ही अध्याय भी "योगी", "नवशक्ति" और "गंगा"में निकल चुके थे।]

ल्हासा (तिब्बत)
२८-८-३५

राहुल सांकृत्यायन

द्वितीय संस्करणपर दो शब्द

"साम्यवाद ही क्यों" १९३४में लिखा गया था। उस वक्त हिन्दी में ऐसी पुस्तकका बिल्कुल अभाव था। इस छोटी-सी पुस्तकको लोगोंने पसंद किया, यह देखकर लेखकको अपने प्रयत्नकी सफलतासे प्रसन्नता होनी ही ठहरी। मैंने इस सस्करणमें पुस्तकमें जहाँ-तहाँ संशोधन कर दिये हैं। पाठक पुस्तकके कलेवरको घटाने नही कुछ और बढ़ानेकी इच्छा रखते होंगे, और वैसे होता तो मैं ऐसा करता भी, मगर अब उसकी जरूरत नही; क्योंकि साम्यवादके बारेमें सविस्तर जाननेवालोंके लिए मैं अलग पुस्तकें लिख चुका हूँ। आधुनिक साइस कैसे साम्यवादी दृष्टिकोणका समर्थन करता है, इसके लिए आप "विश्वकी रूपरेखा" पढ़िए। समाजका विकास होते-होते वहाँ एक मंजिलपर साम्यवाद क्यों आ गया, इसके लिए "मानव समाज" मौजूद है। साम्यवादी दर्शनके लिए "वैज्ञानिक भौतिकवाद" और पूरब-पच्छिमके सभी दर्शनोंकी साम्यवादी गवेषणाके लिए "दर्शन-दिग्दर्शन" लिख चुका हूँ। इतिहास-को चलते-चलते साम्यवादके दर्वाजेपर कैसे पहुँचना पड़ा, इसे यदि कहानियोके रूपमे पढ़ना चाहते हैं, तो "वोल्गासे गंगा" तैयार है। इनके अतिरिक्त साम्यवादके महान् आचार्यों मार्क्स्, एन्गेल्स, लेनिन् स्तालिन्के कितने ही ग्रंथोंके हिन्दी अनुवाद भी मैं कर चुका हूँ। इसी ख्यालसे मैंने इसको छोटा ही रहने दिया। जो दो-तीन घंटेमें साम्यवाद-को समझना चाहते हैं, उनके लिए यह प्रवेशिका है; जो ज्यादा समय देना चाहते हैं—और अपने अपनी भावी सन्तानों तथा मानवताके कल्याणके लिए वैसा अवश्य करना चाहिए—उनके लिए दूसरे ग्रन्थ मौजूद हैं।

किताब महल
प्रयाग
२०-७-१९४३

राहुल सांकृत्यायन

द्वितीय संस्करणपर दो शब्द

"साम्यवाद ही क्यों" १९३४में लिखा गया था। उस वक्त हिन्दी में ऐसी पुस्तकका बिल्कुल अभाव था। इस छोटी-सी पुस्तकको लोगोंने पसंद किया, यह देखकर लेखकको अपने प्रयत्नकी सफलतासे प्रसन्नता होनी ही ठहरी। मैंने इस सस्करणमें पुस्तकमें जहाँ-तहाँ संशोधन कर दिये हैं। पाठक पुस्तकके कलेवरको घटाने नही कुछ और बढ़ानेकी इच्छा रखते होंगे, और वैसे होता तो मैं ऐसा करता भी, मगर अब उसकी जरूरत नही; क्योंकि साम्यवादके बारेमें सविस्तर जाननेवालोंके लिए मैं अलग पुस्तके लिख चुका हूँ। आधुनिक साइस कैसे साम्यवादी दृष्टिकोणका समर्थन करता है, इसके लिए आप "विश्वकी रूपरेखा" पढ़िए। समाजका विकास होते-होते वहाँ एक मंजिलपर साम्यवाद क्यों आ गया, इसके लिए "मानव समाज" मौजूद है। साम्यवादी दर्शनके लिए "वैज्ञानिक भौतिकवाद" और पूरब-पच्छिमके सभी दर्शनोंकी साम्यवादी गवेषणाके लिए "दर्शन-दिग्दर्शन" लिख चुका हूँ। इतिहास-को चलते-चलते साम्यवादके दर्वाजेपर कैसे पहुँचना पड़ा, इसे यदि कहानियोके रूपमे पढ़ना चाहते हैं, तो "वोल्गासे गंगा" तैयार है। इनके अतिरिक्त साम्यवादके महान् आचार्यों मार्क्स्, एन्गेल्स, लेनिन् स्तालिन्के कितने ही ग्रंथोंके हिन्दी अनुवाद भी मैं कर चुका हूँ। इसी ख्यालसे मैंने इसको छोटा ही रहने दिया। जो दो-तीन घटेमें साम्यवाद-को समझना चाहते हैं, उनके लिए यह प्रवेशिका है; जो ज्यादा समय देना चाहते हैं—और अपने अपनी भावी सन्तानों तथा मानवताके कल्याणके लिए वैसा अवश्य करना चाहिए—उनके लिए दूसरे ग्रन्थ मौजूद हैं।

किताब महल
प्रयाग
२०-७-१९४३

राहुल सांकृत्यायन

भूमिका

मनुष्यकी उत्पत्ति और विकास*

साम्यवाद मनुष्यके विकासकी एक अवस्थाकी उपज है; इसलिए उसके मंतव्योंको अच्छी तरह समझनेके लिए हमें मनुष्यकी उत्पत्ति और विकास कैसे हुआ, इस विषयमे वैज्ञानिकोंका मत जान लेना बहुत ज़रूरी है। चूॅकि यह पुस्तक भारतकी परिस्थितिपर खास तौरसे ध्यान रखकर लिखी गई है, इसलिए मनुष्यके विकासको लिखते समय यहाँ भारतपर ध्यान रक्खा गया है।

विज्ञानविद् ज्योतिषियोका मत है कि, अरबों वर्ष पूर्व, अपने ग्रह-उपग्रहो-सहित सूर्यका एक ही पिण्ड था। उस वक्त सूर्य और भी अधिक गर्म था। पृथिवी तथा मगल आदि ग्रहोकी उपादान सामग्री भी, भापके रूपमें होनेसे सूर्य-पिण्ड उस समय बहुत दूर तक फैला हुआ था। यद्यपि उस समय सूर्य आजसे बहुत अधिक बड़ा था; तथापि इसके कारण सारा आकाश आच्छादित नही था। रातको दिखाई पड़नेवाले अगणित तारोंमें भी करोड़ों तारे, उस समयके सूर्यके बराबर हैं; किन्तु क्या उनसे आकाश आच्छादित हो गया है? यह तारे तो आकाशमे वैसे ही हैं, जैसे विशाल समुद्रमे तैरता अकेला जहाज! (सूर्यके पासवाले भागके अतिरिक्त उस समय भी आजकी तरह सारा आकाश अत्यन्त शीतल था)। किसी समय आकाशके किसी दूरवाले भागसे एक विशाल तारा सूर्यकी ओर अग्रसर होने लगा। जैसे-जैसे वह सूर्यके अधिक समीप होता गया, वैसे-वैसे सूर्यके वाष्प-समुद्रमें ज्वार-भाटा उठने लगा। समीपतम स्थानपर पहुँचनेके समय यह ज्वार-

*विशेष जाननेके लिए मेरी "विश्वकी रूपरेखा" पढ़िए।

भाटा सूर्यकी करोड़ों मील लम्बी सिगार जैसी पूँछ बन गया। जब वह तारा सूर्यसे दूर जाने लगा, तब, जिस प्रकार ज्वारके वेगमे कितना ही फेन समुद्रसे बाहर फिंक जाता है, वैसे ही वाष्पमय सूर्यका यह अंश अपने प्रधान पिण्डसे अलग फिंक गया। यह फेंका हुआ भाग कई खंडोमे हो अब सूर्य-पिण्डके चारों ओर घूमने लगा। यही सौर-मण्डलके ग्रह हुये। दो अरब वर्ष पूर्व उक्त प्रकारसे ही पृथिवी सूर्यपिण्डसे अलग हुई। वैसे ही किसी आकाशीय ताराके कारण पृथिवीका एक भाग अलग होकर चन्द्रमाके रूपमे परिणत हो गया।

पृथिवी-पिण्डकी उष्णता निकल-निकलकर अब अपने चारों ओरके शीतल आकाशमे फैलने लगी। फिर ऊपरी भागपर पपड़ी (पर्पटी) पडने लगी, जिसकी चारो ओर उष्णतासे बने वायु-मण्डल और मेघ-मण्डल मँडराने लगे। कभी-कभी वर्षा भी होती थी, किन्तु उस तप्त पपड़ीपर वह छन से ही विलीन हो जाती थी। बीच-बीचमे पृथिवी थर्रा उठती और पपडी टूट-फूटकर ऊँची-नीची भूमि या खड्ड तैयार करती थी। जब पृथिवीका तापमान कुछ कम हुआ, तब वर्षाका जल उन खड्डोंमे ठहरने लगा। यही आदि-कालीन समुद्र हुआ, जो खारा न था। यह पपड़ीवाले पत्थर ही आज स्फुटित आदिकी स्तररहित चट्टानें हैं। पीछे (किन्तु जीव-कल्पसे पूर्व ही) आस-पासके नगे पहाड़ोंसे धुलकर जो तह-पर-तह कीचड़ जमने लगी, वही आजकलका अजीव सस्तर पाषाण है। प्रथम समुद्रका जल बहुत गर्म था। जब लाखों वर्ष बाद पृथिवी का ऊपरी भाग कुछ और ठण्डा हो गया, और समुद्रका तापमान घटा, तब पहिले-पहिल उसमे केचुए जैसे अस्थि-रहित जीव पैदा होने लगे। जीवका विशेष गुण है भीतरसे वृद्धि तथा प्रसव।

भूगर्भशास्त्री पृथिवीपर जीवकी उत्पत्ति हुए ३० करोड़ वर्ष मानते हैं, जिसे जी व-क ल्प कहा जाता है; और इससे पहलेके समयको अ जी-व क ल्प (Azoic)। धीरे-धीरे तापमान भी कम होने लगा। मृत -वों तथा धुलकर आये कीचडके सम्मिश्रणसे अब और अधिक विक-

सित जीवोंका खाद्य तैयार होने लगा, जिससे केकड़ा आदिकी तरहके जन्तुओं तथा निम्न श्रेणीकी वनस्पतियोंकी सृष्टि हुई। जब हम इस ३० करोड़ वर्ष पूर्व आरम्भ हुए पु रा ण-जी व-क ल्प से चलकर २० करोड़ वर्ष पूर्व आरम्भ हुए म ध्य-जी व-क ल्प में आते हैं, तब पृथिवीपर गोह और मगरकी जातिके विकराल सरीसृप दिखाई पड़ते हैं। पृथिवीके गर्भसे सौ-सौ फीट लम्बी इनकी पथराई हड्डियाँ मिली हैं। उसी समय पृथिवीके दलदलमे करील जैसे पत्ते रहित विशाल वृक्ष पैदा हुए, जिनको ही आज हम पत्थर कोयलेके रूपमे पाते हैं।

सरीसृपोंके कालके अन्तमें पृथिवीके जल-वायुमे कुछ इस प्रकार-का भयकर परिवर्त्तन हुआ कि, उनकी अधिकाश जातियाँ नष्ट हो गई। लेकिन उस समय वृक्ष समुद्रके पासवाली शुष्क भूमिमें भी पैदा होने लगे थे। उधर जल, स्थल, दोनोमें निवास करनेवाले प्राणियोंसे एक ओर लोमधारी, स्तनधारी जन्तु और दूसरी ओर पक्षी उत्पन्न होने लगे थे।

वनस्पतियोंमें विकास होते-होते जैसे-जैसे भूमिके नीचेसे जल ग्रहण कर हरे-भरे रहनेवाले वृक्ष जलके तटसे दूर तक फैलते जा रहे थे; और जैसे-जैसे प्राणियोके शरीरपर शीत-उष्णके सहनेके लिए विशेष लोम, पंख आदि निकलते जा रहे थे, वैसे-ही-वैसे भूचालों द्वारा समुद्रके गर्भकी सतह, ऊपर उठ आई मृत्तिकासे युक्त भूमिपर वह जलसे दूर-दूर फैलते गये।

वैज्ञानिकोका कहना है कि, इन्ही लोमधारी, सस्तन प्राणियोंमें कुछ अपने शत्रुओंसे बचनेके लिए वृक्षोपर चढ़नेका यत्न करने लगे। सैकड़ों पीढियोंके निरन्तर इच्छा और अभ्याससे उनके हाथ-पैर वृक्षोंपर चढ़-नेके उपयोगी हो गये। इस प्रकार वृक्षारोहणमे पटु वानरोंकी सृष्टि हुई।

अब हम सरीसृपोके युगसे न व जी व-क ल्प में होते न व जी व की उषा (*Eocene*) युगमे प्रवेश कर चुके।

अ ल्प न व जी व उ षा के समय भारतमे विन्ध्याचलसे दक्षिण-वाला भाग ही समुद्रतलके बाहर था। हिमालय, तिब्बत और सारा भारत उस समय समुद्रके गर्भमे निमग्न था। म ध्य न व जी व उ षा (*Miocene*)-युगमें प्रचण्ड भूचालोंका ताँता बँध गया, जिसके फल-स्वरूप हिमालय पृथिवीके गर्भसे ऊपर उठ आया। समुद्र-गर्भसे निकलनेके कारण हिमालयकी ऊँची चोटियो तकपर आजकल सामुद्रिक जन्तुओंकी पथराई हड्डियाँ मिलती हैं।

भूचालने सीधी तौरसे भूमिको नीचेसे ऊपर नही उठाया था, इसीलिए अ जी व क ल्प से समुद्रके गर्भमे तह-पर-तह जमी मिट्टी सीधे एकके ऊपर एक न होकर आडे-बेडे हो गई। यही कारण है, जो हम पहाडोंमे पत्थरोकी तहोको अस्त-व्यस्त पाते हैं। हिमालयसे वर्षाका जल अब समुद्रकी ओर बहने लगा। यह जल-मार्ग या नदियाँ अपने साथ अपार मृत्तिकाराशिको समुद्रमे पाटती रही। उधर इतस्ततः होनेवाले भूचालोने भी समुद्रकी स्थितिपर प्रभाव डाला। इस प्रकार गगा आदि नदियोने लाखो वर्षो के परिश्रमके बाद उत्तरी भारतके मैदानको समुद्रके जलसे बाहर निकाला।

जिस समय उत्तरी भारतका मैदान बन रहा था, उसी समय हिमा-लयके निम्न भाग सिवालिक (=सपादलक्ष)मे नाना जन्तुओंकी वृद्धि हो रही थी। इसमे गोरीला आदि कितने ही आजकल वहाँ न मिलनेवाले प्राणी भी थे, जिनकी कि पथराई हड्डियाँ (*Fossil*) आज भी वहाँ मिलती हैं। न व जी वो षा युगके इस भागको, प्राणियोंकी अधिकताके कारण, ब हु न व जी वो षा कहते हैं, जो कि प्रायः तीस लाख वर्ष पूर्व आरम्भ हुआ था। इसके अन्तिम भाग या आजसे ४-५ लाख वर्ष पूर्व सिवालिकमे ऐसे वनमानुष थे, जिनकी हड्डियोंसे पता लगता है कि, वह मानवताकी ओर अग्रसर हो रहे थे। तीन-चार लाख वर्ष पूर्व, अ ति श य न व जी वो षा यु ग मे, हिमालयका नीचेवाला भाँगर प्रदेश बन रहा था। उसमें मिली पथराई अस्थियोंसे पता लगता

है कि, वहाँ कितने ही इस प्रकारके घोड़े, गाय, गड, दरियाई घोड़े आदि रहते थे, जिनकी जातियाँ वहाँ अब लुप्त हो गई हैं। इसी समय, सिवालिकमे मनुष्य और वनमानुपके बीचकी स्थितिके प्राणी रहते थे। यह वही समय था, जिस समय कि, जावाका नर-वानर (*Pithecanthropus erectus*) निवास करता था।

दो लाख चालीस हजार वर्ष पूर्व पृथिवीपर एक भयकर हिमप्रलय उपस्थित हुआ। इसके कारणके लिए वैज्ञानिक कई अनुमान लगाते है। कोई कहते हैं इसी समय सौरमण्डलसे बाहरका कोई तारा पृथिवीके समीपसे होकर गुजरा, जिसके कारण पृथिवीकी भ्रमणधुरी तिरछी हो गई, जिससे ऋतुओंमें फर्क पड़ गया (अथवा सौरजगत् ही घूमते-घूमते आकाशके किसी अत्यधिक शीतल प्रदेशमें पहुँच गया)। जलमें यह विशेषता है कि जहाँ अन्य वस्तुएँ सर्दीकी अधिकताके कारण सिकुड़ने लगती है, वहाँ जल अतिशय सर्दीके कारण जमता जरूर है; किन्तु उससे वह सिकुड़नेकी जगह फैलने लगता है। यदि आज पृथिवीके सारे समुद्र जम जायँ, तो उनका जल बर्फ बनकर, स्थल भागपर भी सब जगह सैकड़ो हाथ मोटी बर्फ होकर, फैल जाय। उस समय पृथिवीकी भ्रमण-धुरीके तिरछी हो जानेसे सर्दीकी अधिकता हो गई और उत्तरी गोलार्द्धमें जहाँ उत्तरी ध्रुवसे बढती बर्फकी टोपीके कारण समस्त उत्तरी यूरोप; और, उत्तरी अमेरिकामे न्यूयार्क तकका भाग बारहो मासके लिए, हिमसे ढक गया; वहाँ दक्षिणी गोलार्द्धमे टस्मानिया, न्यूजीलैण्ड आदिकी भी वही दशा हुई। भारतमें हिमालयकी हिमानियाँ (=ग्लेसियर)—जो आज दस हजार फीटसे नीचे कही नही हैं—पोठवार (कश्मीर)में दो हजार फीट (समुद्र-तलसे ऊपर) तक चली आई। उस समय कलकत्तेमें लन्दन जैसी सर्दी पड़ने लगी थी। कारण कुछ भी हो, इस हिमयुगने सारे भूमण्डलपर अपनी अचल छाप छोड़ी है।

प्रथम हि म यु ग हजारो वर्षों तक रहा। फिर दूसरा हिम-युग आया; एक लाख वर्ष पूर्व तीसरा हिम-युग और पचास हज़ार वर्ष पूर्व

चौथा हिमयुग। इन हिम-युगोंने पृथिवीके प्राणि-जगत्में घोर उथल-पुथल उत्पन्न की, जिसके कारण, कई प्राणि-जातियाँ, पृथिवीतलसे सदाके लिए विलुप्त हो गईं। उनमे जिन्होंने आत्म-रक्षाके लिए शरीर और मनका पूरा उपयोग किया, वह साधन-सम्पन्न बनकर अपने अस्तित्व-को कायम रखनेमे सफल हुईं। कोई एक लाख वर्ष पूर्व, अन्तिम हिम-युगसे बहुत पूर्व यूरोपमे एक प्रकारकी मनुष्य-जातिका पता लगता है, जिसे हा इ डे ल् ब र्गी य मनुष्य कहते हैं। वैसे गोरीला और बबून भी डडे या पत्थर फेककर मारते देखे जाते हैं, किन्तु हाइडेलबर्गीय मनुष्य तोड-फोड़कर तेज बनाये ऊबड़-खाबड़ पत्थरके हथियारोंका प्रयोग किया करता था। पचास हजार वर्ष पूर्व, चतुर्थ हिमयुगके समय, यूरोपमें ने अं ड र्थ ल मनुष्य-जातिका पता लगता है। सर्दीकी अधिकताके कारण इसे पहाडोंकी प्राकृतिक गुफाओमे शरण लेनी पड़ी थी। यह पत्थर और लकड़ीके हथियारोंका प्रयोग करता था। सर्दीसे बचनेके लिए जहाँ वह आगका प्रयोग जान गया था, वहाँ मारे हुए जानवरोंकी खालोंसे भी अपने शरीरको ढँकता था। उसके शरीरकी बनावटसे मालूम होता है कि, अभी वह वाणीका प्रयोग करना बिल्कुल ही नही, अथवा अत्यल्प, जानता था। अभी उसके मनमे धर्म, देवता आदिकी कल्पना नही हुई थी।

जिस समय यूरोपमें नेअडर्थल् मनुष्य गुफाओंमें निवास करता था, उसी समय दक्षिणी भारतके कडपा, गुतर, कर्नूल आदिकी गुफाओं में भी मनुष्य वास करता था। दोनोंकी स्थितिमें फर्क यह था कि, जब चतुर्थ हिम-युगके कारण यूरोपमें असह्य सर्दी पड़ रही थी, तब दक्षिण भारतकी सर्दी सह्य थी। चालीस हजार वर्ष पूर्वसे २५ हजार वर्ष पूर्व तक धीरे-धीरे यूरोपसे हिमकी कठोरता जाती रही, भारतमें भी परिवर्त्तन उसीके अनुसार हुआ।

पचीस हज़ार वर्ष पूर्व यूरोपके स्पेन आदि देशोंमें मनुष्योंकी एक बसती थी, जिसे क्रो मे ग नू (*Cromagnon*) कहते हैं।

ने अं ड र्थ ल मनुष्य उस समय भी मौजूद था, तो भी दोनोंका रक्त-सम्मिश्रण न होना शायद नेअंडर्थल्की कुरूपता और वीभत्सताके कारण हो। क्रोमेग्नन् मनुष्य शिकारी था। एक प्रकारके छोटे घोड़े उसके प्रधान खाद्य थे; जिनके कि लाखों ककाल सोलुत्र आदि स्थानोंमे मिले हैं। स्पेनकी गुफाओंमें इनके बनाये अनेक चित्र भी हैं। ये चित्र बहुत ही अँधेरी जगहमे हैं, जिससे पता लगता है कि, ये दीपकका भी प्रयोग करना जान गये थे। वह मुर्देको दबाया करते थे; मिट्टीके खिलौने बना लेते थे, किन्तु उन्हें बर्तन बनानेका ज्ञान न था। इससे अनुमान होता है कि, अभी मास आदिको पकाकर वे खाना नही जानते थे। जिस समय क्रोमेग्नन्-जाति दक्षिण-पश्चिमीय यूरोपमें वास करती थी, उसी समय रायपुर जिलेके सिंगनपुर तथा दूसरे प्रदेशोंमें भी आदमी निवास करते थे। इन्होंने भी अपनी गुफाओंमें अनेक चित्र और छिले पाषाणोंके हथियार छोड़े हैं। दोनोंके चित्रमे सिर्फ जंगली जानवरो तथा शिकारके दृश्य ही मिलते हैं, जिनसे मालूम होता है, अभी इन्हें देवताओं और धर्मकी कल्पना नही हुई थी। शायद अभी वे भाषाको विकसित न कर सके थे। भाषाके बिना परम्परा और पुरानी कथाओंको एक पीढ़ीसे दूसरी पीढ़ीमे कैसे पहुँचाया जा सकता है? परम्परा और कथाएँ ही तो देवताओं और धर्मकी सृष्टि करती हैं।

बारह हज़ार वर्ष पूर्व मनुष्योंमें एक नई प्रगति दिखाई पड़ती है। अब मनुष्य छिले पत्थरोंके हथियारके स्थानपर, घिसकर, चिकने किये पत्थरके हथियारोंका प्रयोग करता था। इसी कारण इस युगको न व पा षा ण यु ग (*Neolithic Age*) कहते हैं। इस युगके साथ भूरे रगकी इबेरियन जाति (द्रविड़-जाति, इसीकी एक शाखा कही जाती है) इस युगमें अगुआ है। इस जातिका मूल स्थान भूमध्यसागरकी पार्श्ववर्ती भूमि थी। चतुर्थ हिम-युगसे पूर्व यह प्रदेश बहुत ही हरा-भरा था। भूमध्य-वासी भूरी-जाति तब तक अपनी भाषाको किसी हदतक विकसित कर चुकी थी। आगे चलकर उसकी सन्तान उत्तर, दक्षिण

और पूर्वकी ओर फैलने लगी। इस जातिने यूरोपमें जाकर क्रोमेग्नन्का स्थान ग्रहण किया। सुमेरियन, सिन्धु-उपत्यका (मोहन्-जो-डरो)के निवासी तथा प्राचीन मिश्री भी सम्भवत. इन्हींकी सन्तान थे। चिकने पाषाणके अस्त्रोंके अतिरिक्त इसने धनुष-बाणका भी आविष्कार किया। पहले, जब (ई० पू० ४०००से पूर्व) धातुका पता न लगा था, तब चकमक पत्थरको रगड़कर तेज किये टुकड़े ही बाणके फरके स्थानपर प्रयुक्त किये जाते थे। शिकारमें लगातार पहुँच जानेवाले कुत्तोंको इसने पहले-पहल पालतू जानवर बनाया। पीछे गाय, भेड़ आदिको भी पालतू किया। जानवरोंके खानेके लिए घास काटकर जहाँ रख दी जाती थी, वहाँ भूमिके सरस होनेपर, उन्होंने लम्बी-लम्बी घासोंको उगते देखा। इस प्रकार पहले चारेके लिए ही कृषिका आरम्भ हुआ। पीछे. अनाज-की उपयोगिता ज्ञात हो जानेपर उसकी खेती भी आरम्भ हुई। खेतीके फन्देमें पड़नेके साथ-साथ मनुष्य वन-वन विहरनेवाला स्वच्छन्द प्राणी न रह खूँटेपर बँधे पशुकी तरह एक जगह बस गया। अब पशुपालन कृषक-जीवनका एक गौण अंग रह गया। अपने शत्रुओं (कृषको और पशु-पालकों, दोनों)से रक्षा पानेकेलिए वह ग्राम (=झुंड बनाकर रहने लगा। शत्रुकी संख्याकी वृद्धिके साथ जहाँ अपनी संख्या बढ़ाकर वह नगर बसाने लगा, वहाँ पारस्परिक लड़ाइयोंमें वीर और अधिक समझदार नेताओंका प्रभाव बढ़ते-बढ़ते राजाका पद कायम हुआ। सूसा (ईरान)के ध्वंसावशेषके प्राचीनतम स्तरमें इसी शिकारी-कृषक-जीवनका चिन्ह मिला है। अबतकके निकले ध्वंसावशेषोंको देखकर विद्वानोंका कहना है कि, पहला ग्राम मेसोपोटामियामें बसा था और उसी समय वहीं कृषिका भी आरम्भ हुआ था। यह समय ई० पू० ५ हजारके करीब होगा।

बहुत पुराने समयमें जब अभी उत्तरी-भारत और हिमालय समुद्रके गर्भमें थे· दक्षिणी भारत अफरीका और लंकाके आगे तक फैले हुए महा-
...का एक भाग था। इस बातका प्रमाण उनके पाषाणों और पुराने

जीवधारियोंकी पथराई अस्थियोकी समानतासे मिलता है। चतुर्थ हिम-युगके बाद जिन मनुष्य-जातियोंका हम भारतमे निवास पाते हैं, उनमें सबसे पुरानी दो जातियाँ हैं—एक हब्शी जैसी (*Nigroid*) दूसरी प्राग्द्राविड़ीय (वेद्दा, मुण्डा, आदि)। आदिचन्नल्लूर (मद्रास) में मिली खोपडीकी कपाल-सस्थितियाँ (*Cephalic indices*) वेद्दा लोगो जैसी हैं। चित्रोंके सदृश्य आदिके देखनेसे सिगनपुर (जि० रायपुर) के चित्रकार भी मुन्डा आदि जातियोसे सम्बन्ध रखते मालूम होते हैं। न व पा षा ण काल (५,००० ई० पू० से पहले) मे यही दो जातियाँ भारतमे बसी मालूम होती हैं। मालूम होता है, नवपाषाणयुगमे भूमध्यदेशीय भूरी जातिका*, स्पेन, मिश्र, मेसोपोटामिया, ईरान और भारतसे चीन तक दौर-दौरा था। चिकने पाषाणके हथियारोंके अतिरिक्त इसी जाति द्वारा सूर्य-नाग-पूजा तथा स्वस्तिक चिन्हका चारो ओर प्रचार हुआ था। पॉच हजार वर्ष पूर्व यही जाति सिन्धु-उपत्यकाके मोहन्-जो-दड़ो तथा हड़प्पा जैसे नगरोंमे रहा करती थी। विद्वानोंका कहना है कि, यही वह असुर-जाति थी, जिससे २००० ई० पू० मे भारतपर हमला करनेवाले आर्योका संघर्ष हुआ; और आजकलकी द्रविड़ तथा उत्तरीय भारतकी भर आदि जातियाँ उसीकी सन्ताने हैं।

मालूम होता है, भूमध्य-देशीय भूरी-जाति बहुत अधिक सख्यामें भारतमे नहीं आई थी, इसलिए उसपर शीघ्र मुण्डा और हब्शी रगकी छाप पड़ गई। तभी तो असुर-जातिको सुचतुर नागरिक मानते हुए भी आगन्तुक आर्योंने "चिपिटनास" तथा कृष्णकाय कहा। इस जातिके सभ्य होनेका पता तो इससे भी लगता है, जो उसने छोटानागपुरके प्राग्-

*इस भूरी जातिमें सेमेटिक (प्राचीन असुरियन, फिनीशियन तथा आधुनिक यहूदी और अरब), हमेटिक (प्राचीन मिस्री और उनके वर्तमान आधुनिक वंशज), ईथियोपियन, प्राचीन ग्रीक, यूरोपके [illegible], सिन्धु उपत्यकाके निवासी एवम् आधुनिक द्रविड़ हैं।

द्राविडीय ओरावोंको उनकी भाषाके स्थानपर अपनी भाषा बोलनेको वाध्य किया, जैसा कि पीछे प्रागद्राविडीय भीलो एव द्रविड भरोंको आर्योंने आर्य भाषा-भाषी बनाकर किया। पॉच हजार वर्ष पूर्व द्रविड-सभ्यता कहॉ तक उन्नत थी, यह मोहन-जो-दडो और हडप्पाकी खुदाइयोंसे मालूम होता है। जिस समय दक्षिणी यूरोपमे बास्क लोगोके पूर्वज, सिन्धुतटपर असुर, क्रेटमें वहॉके सभ्य निवासी, मिश्रमे प्राचीन मिश्री, मेसोपोटामिया मे सुमेरीय लोग निवास करते थे, और अन्तिम चार जातियॉ उस समय-की दुनियामें सबसे अधिक सभ्य जातियॉ थी, उसी समय मध्य एसियासे काले सागरके उत्तरी तट तक शिकार और पशुचारण करती एक जाति निवास करती थी, जिसे ऐतिहासिक लोग हिन्दी यूरोपीय* नामसे पुकारते हैं। यूरोपनिवासी अमेरिका, अफरीका और आस्ट्रेलिया आदिकी गोरी जातियॉ, ईरानी, अफगान तथा उत्तरी भारतके निवासी इन्हीकी सन्ताने हैं। इस जातिकी उत्पत्ति कैसे हुई, इसमे कई मत हैं। धार्मिक लोग मानते हैं कि, प्राचीन गोरी, भूरी (सुमेरीय, द्रविड आदि), पीली (मगोल), काली (हब्शी) और दाक्षिणात्य (वेद्दा, मुडा आदि), सभी-जातियॉ एक ही मनुष्य जोड़ेकी सन्ताने हैं, और लाखो वर्षों तक भिन्न-भिन्न जलवायुओं एव भिन्न-भिन्न परिस्थितियोमे रहनेके कारण उनमें इतना फर्क हो गया। उनके मतसे मनुष्य-सृष्टि पृथ्वीके एक स्थान-पर हुई थी, किन्तु आधुनिक गवेषक चारो-पॉचों मनुष्य-जातियोंके मूल पुरुषोंको अलग-अलग मानते हैं।

पॉच हजार वर्ष पूर्व यह जाति किस अवस्थामें थी, इसका कुछ पता हमे भारतीय आर्योंके पुरातन ग्रन्थ वेद, ईरानी आर्योंके पुरातन ग्रन्थ अवस्ता और सभी हिन्दी-यूरोपियोंके समान कथानकोंमें मिलता है। गायों, भेड़ोंके अतिरिक्त ये लोग घोड़ोंको भी पाला करते थे। घोड़ोंका

*इनके आदिम निवासके पूर्व मगोल जातिका आदिनिवास था, जिसकी नें तिब्बत, मगोलिया, चीन, कोरिया, जापान आदिके लोग हैं।

पालन यह प्रथम सवारीके लिए न करके खाने फिर दही-दूधके लिए करते थे, दक्षिण-पूर्वी रूसके लोग आज भी अधिकतर कूमिस्के लिए उन्हे पालते हैं। सहस्राब्दियों तक चरवाहोका जीवन बिताकर ई० पू० २५००में इनका एक दल पामीरके आस-पासके प्रदेशमे आ गया।* दूसरे दलका कुछ भाग पामीरसे उत्तर-पश्चिमके प्रदेशोंमें (जहाँ कि, पुराने तुखारी आर्य बसते थे), और कुछ रूससे पश्चिमकी ओर बढ़ गया। सख्या वृद्धिके साथ उन्हे नये चरागाहोकी खोजमे और भी आगे बढना पड़ा। पामीरके पास रहते हुए, मालूम होता है, आर्योंमें फूट पड़कर उनके दो दल हो गये थे। एककी सन्तान हिन्दी आर्य थी और दूसरेकी ईरानी आर्य। ई० पू० २०००के करीब हिन्दी आर्योंकी एक शाखा मेसोपोटामिया पहुँची और वहाँ सभ्य सुमेरीय जातिको परास्तकर उसने अपना अधिकार जमाया। यह मित्तन्नी (आर्य) जाति—जिसने सभ्य दुनियामें सर्वप्रथम घोड़ेका प्रवेश कराया—के देवता हिन्दी आर्यो जैसे थे; यह मित्तन्नी (*Mittanni*) राजा म त्ति उ अ ज़ा और सामीय जातिके हित्ताइत (*Hittite*) राजा सु न् वि लु लि उ मा के बोग़ज्-कोई (*Boghaz-kui*, मेसोपोटामिया)से प्राप्त अभिलेखसे मालूम होता है, जिसमें कि पिछले ईरानियोके असम्मत इन्द्र आदि वैदिक देवताओंका नाम सम्मानपूर्वक आया है।

भारतीय आर्य जब सुवास्तु (स्वात, अफगानिस्तान)की उपत्यकामे पहुँचे, तभीसे सिन्धु-उपत्यकाकी सभ्य जातिसे उनका मुकाबिला शुरू हुआ। इन्ही दोनों जातियोका संघर्ष वेद और पुराने साहित्यमे देवासुर-संग्रामके नामसे प्रसिद्ध है। असुर यद्यपि अधिक चतुर और सभ्य थे; तो भी हजारों वर्षोंसे नागरिक जीवन बिताते हुए वह अधिक व्यसनी तथा सैनिक प्रकृतिसे हीन हो गये थे। यही कारण था कि, वह

*इसके बारेमें ज्यादा जाननेके लिए पढ़िए मेरी "मानव समाज" और "वोल्गासे गंगा" पृष्ठ ३३—९८।

अपने सैकड़ों किले-बन्द नगरो और शिक्षित सैनिकोके होते हुए भी, अशिक्षित, किन्तु लड़ाकू, आर्यो द्वारा पराजित हुए। इतिहासमे खाना-बदोश असभ्य जातियाँ अक्सर विजयी होते देखी गई हैं।

विजयी होकर अब आर्य पराजित द्राविडोंके ससर्गमे आ धीरे-धीरे सभ्य बननेके साथ अपने सरल और परिश्रमी जीवनको त्याग उनके आराम-पसन्द जीवनको अपनाने लगे। युद्धके बाद जब दोनों जातियाँ सिन्धु-उपत्यकामे बस गई, तब विजेता और पराजितके झगड़ेने एक दूसरा ही रूप धारण किया। आर्योंने कृष्णयोनि[*] (= काली जाति) चिपटी नासिकावाली या निर्णास, खर्वकाय आदि कहकर पराजितोसे घृणा करनी शुरू की। आजकल के अमेरिकाके गोरो और हब्शियोकी भाँति उन्होने वर्ण (= रग)का प्रश्न उठाकर अनार्योंसे व्याह-शादीकी कडी मनाही कर दी। तो भी इसका मतलब यह नहीं कि, आर्य अपने रक्तको शुद्ध रख सके। यह होना असम्भव ही कैसे था, जब कि, उनके घरोंमे अनार्य दासोंका प्रवेश निराबाध होता था, और उनके आस-पास अनार्योंकी बस्तियाँ अधिक थीं।

मोहन-जो-दडोकी खोदाईमें लोहेका कही पता नही है। आर्योंके पुराने साहित्यमें भी लौह और अयस् शब्द ताँबे और लोहे, दोनोंके लिए प्रयुक्त हुए हैं, इसलिए केवल लोहेके लिए कृष्ण-अयस् और केवल ताँबेके लिए ताम्र-लौह शब्दोंको गढना पडा। लोहेका आविष्कार ई० पू० १४००के आस-पास हुआ था। उससे पूर्व ताँबे और पीतलके ही हथियार सिन्धु, मेसोपोटामिया, मिश्री क्रेत, सभी जगह व्यवहृत होते थे। आर्योंके आनेसे पूर्व ही सिन्धु-उपत्यकाके लोग एक प्रकारकी चित्रलिपिका व्यवहार करते थे। उसके बादकी किसी लिपि (जो सम्भवतः हालमें सम्भलपुर जिलेके गंगापुरमें मिली शिला-लिपि-सी थी)से आर्योंने अपनी ब्राह्मी-लिपि तैयार की। भारतमें आनेसे पूर्व ही भय और वीरपूजाने

[*] ऋ० (२।२०।७)।

आर्योंके लिए अनेक देवी-देवता पैदा कर दिये थे, सिन्धु-उपत्यकाके संसर्गने उनमें कई अनार्य-देवोंकी वृद्धि की।

हम पहले कह आये हैं कि, अति पुरातनकालमें भारतमें हब्शी और दाक्षिणात्य प्राग्द्राविड़ीय मुंडा (आदि जातियाँ) वास करती थी। फिर ७, ८ हजार वर्ष पूर्व अल्पसंख्यक, किन्तु सुसभ्य; भूरो द्रविड़-जाति आई। अब आर्योंके आनेसे एक चौथी जातिका समागम हुआ। इनमें आर्य गौरवर्ण, दीर्घकाय, तुङ्ग-नास (= ऊँची नाकवाले), अभिनील नेत्र तथा भूरे बालोंवाले थे। बाकी तीन जातियाँ बहुत कुछ आपसमे मिल गई थी। वह कृष्णकाय, चिपटी नासिकावाली, खर्वदेह, होती थी। इसके अतिरिक्त उनमेसे किन्ही-किन्हीमे अँगूठिया बाल, स्थूल ओष्ठ तथा आगे निकला मुँह—यह हब्शी-शरीर-लक्षण भी मिलता था, यद्यपि हब्शी रुधिरकी प्रचुरता न होनेके कारण वह अधिक न दिखाई पड़ता था।

मानव-तत्त्वके पण्डितोंने भिन्न-भिन्न जातियोंकी शरीराकृतिकी परीक्षाकर उनमे अनेक भेदक लक्षण या अभिव्यञ्जन (*Index*) पाये हैं। इनमें जो अभिव्यञ्जन अधिक स्थिर रहता है, उसे व्यवस्थित-अभिव्यञ्जन कहते हैं, जो नही, उसे अव्यवस्थित-अभिव्यञ्जन। (१) लम्बाई (कद), (२) कपाल-सस्थित, और (३) नासिका-संस्थिति ये तीन व्यवस्थित-अभिव्यञ्जन कहे जाते हैं।* इनमें भी पहिलेसे दूसरा और दूसरेसे तीसरा अधिक प्रामाणिक है। अव्यवस्थित अभिव्यञ्जन हैं—

*५ फोट ७ इंचसे अधिक ऊँचा आदमी दीर्घाकार कहा जाता है; ५ फीट ५ इंचसे ५ फीट ७ इंच मध्यमाकार, ५ फीट ३ इंचसे ५ फीट ५ इंच अनुमध्यमाकार, ५ फीट ३ इंचसे कम खर्वाकार। ८० से अधिक कपालसस्थिति-वाला आयत (गोल)-शीर्ष, ८० से ७५ मध्यशीर्ष, ७५ से कम लम्बशीर्ष। ७० नासिकासस्थिति वाला तुंगनास होता है, मध्यनास (द्रविड़) ७०-८५, और आयतनास (मगोल) ८५ से अधिक संस्थितिवाले होते हैं।

शरीर आँखो और बालोके रग तथा आँखो और बालोंके आकार- ार आदि । आर्य-अनार्यके अव्यवस्थित व्यञ्जनोंके बारेमे हम पहले कह के हैं । यहाँ उनके व्यवस्थित व्यञ्जनोंके बारेमे कुछ अधिक लिखनेकी आवश्यकता है ।—यहाँ कपाल-सस्थितिसे मतलब कपालकी लम्बाईको १०० मानकर उसकी चौड़ाईका परिमाण मालूम करना, नासिका-सस्थितिमे भी नाककी लम्बाईको सौ मानकर नथुनोंपर नाककी चौड़ाईका अनुपात लगाना (लम्बाई नापते वक्त भौंके नीचे नाकके दबे हुए भागसे आरम्भ कर नासाग्र तक नापना चाहिए) । ठीक परिमाणपर पहुँचनेके लिए यह आवश्यक है कि, एक जातिके रक्त-सम्बन्धियोंके सौ-डेढ सौ व्यक्तियोंको बिना किसी चुनावके लिया जाय ।

नापसे मालूम हुआ है कि, भूमण्डलके श्वेतागोंकी लम्बाई प्रायः १६१० मिलीमीटर (५ फीट ४-४ इच)से नीचे नही होती, कपाल-सस्थिति ७१ ३ और नासिका-सस्थिति ७५ से ऊपर नही जाती । दूसरों का कद १५४० मिलीमीटर (५ फीट १·६ इच) तक छोटा तथा कपाल और नाककी सस्थितियाँ क्रमशः ७५ ६ और ७० से कम नही होती । श्वेतागों की कपाल-सस्थितिमे गोल सिर भी पाया जाता है, जैसे भारतमे गुजरातियों और मराठोंके सिर तथा यूरोपके जर्मन आदि कुछ जातियोके सिर; इसलिए बाकी दो बातोंका भी ख्याल रखना होगा ।

विभिन्न स्थानोंके स्वेतागोंके निश्चित काय-मान इस प्रकार पाये गये हैं—

	लम्बाई (मिलीमीटर) *	कपाल	नासिका
सिन्धु-अफगान	१६४२ से १६८३ तक	८० से ८२·८	६७·८ से ७४·३
सिन्धु-ईरानी	१६४२—१६८३	८०—८२·८	६७·८—७३·३
ईरानी-भूमध्यदेशीय	१६३३—१७४५	७६·२—७९·८	५६·६—७३·३
आर्मेनियन-पामीर	१६६०—१७०८	८४·१—८६·५	६२·६—७२
जार्जियन	१६४६—१६५८	८२·५—८४·२	५७·६—६४५

*२५ मिलीमीटर = १ इच ।

उत्तरी भारतके आर्योंके कुछ काय-मान देखिए—

	लम्बाई	कपाल	नासिका
राजपूत (राजपूताना)	१७४८	७२·४	७१·६
पंजाबी	१६८४	७४·२	७०·२
सिक्ख	१७०६	७२·७	६८·८

इसकी तुलना भारतकी कुछ आर्य-भिन्न जातियोंसे कीजिए—

	लम्बाई	कपाल	नासिका
बेद्दा (सीलोन)	१५७१	७५·१	८४·१८
मुंडा	१५८६	७४·५	८६·६
तामिल	१६३६	७५·६६	७६·६७
द्रविड़ हिन्दू	१६२३	७५·२	८२·३७

हिमालय, बंगाल और आसामके भारतीयोंमे काफी मंगोल-रुधिर भी है। यहाँ कुछ मंगोल-जातियोके अभिव्यञ्जन देखिए—

	लम्बाई	कपाल	नासिका
बुर्यत् (साइबेरिया)	१६३१	८४·५	७२·५०
लदाखी (कश्मीर)	१६३४	७६·७६·	७५·५४
लिप्चा (दार्जिलिंग)	१५७०	७६·६	६७·२
जापानी	१५८५	७·६५	७२·६४

आरंभिक आर्योंके बाद भी, सिकन्दरके समय, हजारो यूनानी, सिथियन (मग-शक), जाट, गूजर आभीर आदि आर्य-जतियाँ भारतमें आती गईं और उत्तर-भारतीय आर्योंमे मिलती गईं। द्रविड़ तथा दूसरी अनार्य-जातियाँ या तो विजेताओंकी आज्ञाकारी बन गईं अथवा मध्यप्रदेशकी पहाड़ियों और दक्षिणकी ओर हटती गईं। इन जातियोंके समागमसे रक्त-सम्मिश्रण होना अनिवार्य था। हाँ, पंजाब और राजपूतानेसे हम जितना ही अधिक पूर्वकी ओर बढ़ते हैं, उतनी ही हम आर्य-रक्तकी मात्राको कम होते देखते हैं; और द्रविड़-रक्तकी मात्राको बढ़ते। बिहारकी

सीमा पारकर बंगाल और आसाममे फिर उत्तरसे आई मंगोल जातिका रक्त-सम्मिश्रण होने लगता है। यह रक्त-सम्मिश्रण सभी जातियोंमे एक-सा नही है। उदाहरणार्थ पूर्वीय युक्तप्रान्त और बिहारकी अहीर-जातिको ले लीजिए। उनमे और जातियोंकी अपेक्षा आप अधिक गोरे रंग और भूरे बाल भी पायेंगे। व्यवस्थित-अभिव्यञ्जनो (लम्बाई, कपाल और नासिकाके मानों) को भी देखनेसे आपको मालूम होगा कि, उन प्रदेशोंमें यही एक जाति है, जिसमे सबसे अधिक आर्य-रुधिर है।

वैज्ञानिकोंने मनुष्यकी उत्पत्ति और विकासको* मत्स्य, मण्डूक, सरीसृप, पक्षी और स्तनधारी आदि क्रमसे जो माना है, वह विशेषतः दो बातोंके आधारपर है। जीव-कल्पके पाषाणोंकी तहोंमे हम उसी क्रमसे उन्हें पाते हैं। यह पाषाण समकालीन घटनाओंके इतिहास-ग्रन्थ हैं, जिनका एक-एक स्तर उस ग्रन्थका एक-एक पन्ना है। फर्क इतना ही है कि, बीच-बीचमे आनेवाले हजारों प्रचण्ड भूकम्पोंने इस ग्रन्थके पन्नोंको तोड़फाड़ डाला है। अमेरिकाकी पश्चिमी रियासतोंके कुछ स्थानोंकी भाँति पृथ्वीपर कहीं-कहीं करोडों वर्षोंके पाषाण स्तर अक्षुण्ण मिलते हैं। वहाँ ऊँट, घोड़े, आदिकी भिन्न-भिन्न कालकी पथराई हड्डियाँ इस विकास-सिद्धान्तकी पुष्टि करती हैं। पथराई हड्डियोंके बाद दूसरा प्रमाण स्वय प्राणियोंकी गर्भ आदिकी आरम्भिक अवस्था है। मेंढक चूँकि मछलीसे विकसित हुआ है, इसलिए उसको मेंढकके रूपमें आनेसे पूर्व मछलीका रूप धारण करना पड़ता है। उस वक्त उसकी आकृति ही मछलीकी तरह नहीं होती बल्कि वह मछलीकी ही भाँति, फटे गलेसे, पानीके भीतर भी साँस लेता है। अपनी वर्त्तमान् अवस्था तक पहुँचनेके लिए मनुष्य-जातिको जिन-जिन मजिलोंको पार करना पड़ा, अब भी प्रत्येक मनुष्यको गर्भाशय और शैशवमें उन सभी अवस्थाओंसे गुजरना पड़ता है। गर्भमें वह, आरम्भिक अवस्थामें, मछली

---

*विस्तारके लिए देखिए मेरी "विश्वकी रूपरेखा"।

की तरह रहता और अन्यान्य अवस्थाओंसे गुजरते ४-५ मासकी अवस्थामें वह सपुच्छ बानर-सा होता है। प्रसवके समय बनमानुषकी भाँति उसके हाथ लम्बे-लम्बे होते हैं। शैशवमें वह कितनेही विकसित बानरोंकी भाँति चतुष्पद और द्विपद—दोनोकी तरह चलता है, और, शायद सोचता भी है। यहाँ तक कि, तीन चार वर्षकी अवस्थामें वह कितनी ही शारीरिक और मानसिक क्रियाओंमें पचास हजार वर्ष पूर्वके अपने चालीस वर्ष बूढ़े पूर्वजोंकी अवस्थाकी आवृति करता है जैसे हम कितनी ही बातोंमें अपने पूर्वजोंसे आगे बढ़े हैं उसी तरह उन्नति करके आजसे दस हज़ार वर्ष बाद आनेवाली हमारी सन्तान १० ही वर्षकी उम्रमें हमारे चालीस वर्षके पण्डितोंकी तरह सोचने लगेगी और भूत-कालके अनुभवोंसे फायदा उठावेगी।

मनुष्यके विकासके कुछ महत्त्व-पूर्ण काल

पृथिवीकी उत्पत्ति	२ अरब वर्ष पूर्व
प्राणीकी उत्पत्ति	३ करोड़ वर्ष ,,
विकराल सरीसृपोकी उत्पत्ति	२ करोड़ वर्ष ,,
सिवालिक के जन्तु	३० लाख वर्ष ,,
सिवालिकका नर-बानर	५-४ लाख वर्ष ,,
जावाका नर-बानर	४-३ लाख वर्ष ,,
हिमालयके भाँगर (तराई) की उत्पत्ति	,,
हिम-युग (प्रथम)	३ लाख वर्ष ,,
,, (द्वितीय)	२ लाख वर्ष ,,
हाईडल-वर्गीय मनुष्य	१॥-१—लाख वर्ष ,,
हिम-युग (तृतीय)	१ लाख वर्ष ,,
,, (चतुर्थ)	५० हजार वर्ष ,,
नेअंडर्थल, कपड़ा, कर्नूलके मनुष्य	,, ,,
चतुर्थ हिम-युगका दबना	४०-२५ हजार वर्ष ,,

क्रोमेग्नन् (दक्षिणी यूरोप) मनुष्य	३०-२५ हजार वर्ष पूर्व
सिगनपूरमे प्राग्द्राविड़ीय मनुष्य	,, ,,
वास्तविक मनुष्यके इतिहासका आरम्भ	,, ,,
सूर्य-नाग-पूजक तथा स्वस्तिक-चिन्ह-वालोंका यूरोप, भारत, चीन, अमेरिका आदिमे फैलना	१२-८ हजार ई० पू०
धनुष-बाणका आविष्कार	१०००० ई० पू०
नव-पाषाण-युग	५००० ई० पू०
पशुपालन, कृषि, मिट्टीके बर्तनोंका आरम्भ	,, ,,
गाँव बसाना तथा सभ्यताका आरम्भ	,, ,,
ताँबेका आविष्कार	४००० ई० पू०
मोहन-जो-दड़ोकी सभ्यता	३००० ई० पू०
पीतलका आविष्कार	२५०० ई० पू०
हिरातमे आर्योका प्रवेश	,, ,,
सुवास्तुमे आर्योका वास	२००० ई० पू०
मित्तन्नी आर्योका मेसोपोटामियामे पहुँचना	,, ,,
आर्योका सिंधु-उपत्यकापर अधिकार	१८०० ई० पू०
आर्योका यूनानपर अधिकार	१५०० ,,
लोहेका आविष्कार	१४०० ई० पू०
गौतमबुद्ध (बुद्धिवादी)	५६३-४८३ ई० पू०
सिन्धु-प्रदेशपर ईरानियोका अधिकार	५३० ई० पू०
यूनानियोंकी भारतमे विजय	३२३ ई० पू०
कागजका आविष्कार (चीन)	२०० ई० पू०
शकों, मगोंका भारतमें आगमन	२००-१०० ई० पू०
मगोलों द्वारा बारूदका यूरोपमें प्रवेश	१३०० ई०
यूरोपमे टाइपका छापाखाना	१४३८ ई०
दूरबीन-आविष्कार	१६१२ ई०

भापका इंजन	१७८५ ई०
प्रथम स्टीमर (फोर्ट)	१८०२ ई०
प्रथम रेल-इंजन	१८०४ ई०
विकासवादके आचार्य डार्विन	१८०९-८२ ई०
साम्यवादके आचार्य कार्ल मार्क्स	१८१०-८३ ई०
प्रथम रेल लाइन (स्टाकूटन्से डार्लिङ्टन् तक)	१८२५ ई०
दियासलाई	१८३४ ई०
बिजली	१८३४ ई०
स्वेज़ नहर	१८६७ ई०
ग्रामोफोन	१८७८ ई०
रेडियम	१८९८ ई०
मनुष्यवाहक वायुयान	१९०९ ई०
प्रथम साम्यवादी शासन	१९१७ ई०

साम्यवाद ही क्यों ?

(१)

पूँजीवादकी उत्पत्ति

पूँजीवाद धन-अर्जनका वह खास ढंग है, जिसमे एक मनुष्य, दूसरा कोई प्रभुत्व न रखते हुए भी, सिर्फ अपनी पूँजीके बलपर चीजोंके बनानेके बहुमूल्य साधनोपर अधिकार कर, बहु-संख्यक मनुष्योंके श्रमके कितने ही भागको मुफ्त ही अपने निजी लाभ और अपनी मददगार पूँजीके बढ़ानेमें उपयोग करता है।

यह निश्चित ही है कि इस प्रकारका पूँजीवाद शिकारी* अवस्थाके मनुष्यमे सम्भव न था। जब मनुष्य शिकारी अवस्थासे गल्लाबानी और किसानी अवस्थामें आया, तो उसके प्रास वैयक्तिक, स्थावर और जंगम सम्पत्ति जमा होने लगी। फिर सम्पत्तिके स्वामी, धनी, सामन्त और राजा अर्थात् शोषकवर्ग अस्तित्वमें आया, दूसरी ओर शोषकोंके लिए काम करने वाले श्रमिक रह गये। समाजमें वर्ग भेद और अपने-अपने स्वार्थके लिए वर्गसंघर्ष शुरू हुआ। यद्यपि ये सामन्त और राजा भी दूसरे मनुष्यके श्रमके कुछ भागको विना मजदूरी दिये अपने निजी लाभके लिए इस्तेमाल करते थे; किन्तु वह एक तो, पूँजीके बलपर नहीं, अपनी राजशक्तिके बलसे वैसा करते थे; दूसरे, बिना मजदूरीके लिए गये उस श्रमसे आगे भी श्रमकी खरीद-फ़रोख्त जारी रखनेके लिए वह पूँजी नही तैयार

---

*शिकारी आदि अवस्थाओंके बारेमें देखिए मेरा "मानव समाज" पृष्ठ २२-२५, ५४-५५, ६२-६८

करते थे। यद्यपि सामन्तशाहीके जमानेमें खरीद-बिक्री करनेवाले बनिये और सूदपर रुपया देनेवाले महाजन होते थे, जो दूसरेके "श्रमके कुछ भागको बिना मजदूरी दिये अपने निजी लाभके लिए" इस्तेमाल करते थे, तो भी बनिया और महाजन पूँजीवादी नहीं हो सकते थे, क्योंकि उन्होंने जिन्दगीके लिए जरूरी चीजोंके उत्पन्न करनेके हथियारोंको अपने हाथमें नहीं कर पाया था। उस समय जुलाहा अपने करघेका, कुम्हार अपनी चाकका, लुहार भाथी, घन-निहाईका मालिक होता था। यदि कहीं यह औजार जमाकर उनसे चीजें बनवाई भी जाती थीं, तो भी वह अधिकतर बेगारके तौरपर होता था, जिसमें राजा या सामन्त अपने प्रभुत्वका भी इस्तेमाल करते थे। उस समय चीजें बनानेवाले औजारोंके बड़े-बड़े दाम न होते थे, इसीलिए कारीगर अधिक दबाव देनेपर अपने निजी औजारोंको तैयारकर स्वतन्त्रता-पूर्वक अपना काम कर सकते थे, और इसीलिए धनियोंकी रुचि ऐसे कारखानोंके स्थापित करनेमें अधिक नहीं हो सकती थी।

पूँजीवाद तो तबसे शुरू होता है, जब दुनियामें भापके यन्त्रोंका आविष्कार होता है। यन्त्रोंके आविष्कारसे चीजोंके पैदा करनेकी गति हाथकी अपेक्षा अधिक बढ जाती है। जहाँ पहले एक कारीगर जुलाहा अपने हाथके करघेसे दिनमें मुश्किल से सात-आठ गज कपड़ा बुन सकता था, वहाँ भापसे चलनेवाले करघेसे एक अनाडीसा आदमी पचास-साठ गज तक बुन सकता था। मेशीनसे बने इस कपडेका सस्ता पडना जरूरी ही था, क्योकि चीजोंका मोल तो उसमें लगी आदमीकी मेहनत के परिमाणपर निर्भर है। चीजोंके सस्ती होनेपर उनके जल्दी बिकनेमें आसानी होती है, और कितने ही थोड़े समयमें, जितनी ही अधिक चीजें बिकें, चीजोंके तैयार करनेवालोंको, हर एक चीज-पर थोडा नफा रखनेपर भी कुल मिलाकर, उतना ही अधिक नफा होता है। ज्यादा नफा होनेपर भी मेशीनोंका दाम अधिक होनेसे कारीगर स्वयं उसे खरीद नहीं सकता था। इस प्रकार पूँजीवादका

आरम्भ भापकी भौतिक शक्तियों द्वारा सञ्चालित मेशीनोंके आविष्कारके साथ होता है।

पूँजीवादका प्रसार

चाहे वाष्पकी सञ्चालक शक्तिका मामूली ज्ञान मिश्रवालोको दो-ढाई हज़ार वर्ष पहले ही हो गया हो; किन्तु व्यवसायके कामोंमे उसका इस्तेमाल सबसे पहले यूरोपवालों हीने किया। सन् १७६५ ई०मे इङ्गलैण्ड जेम्स वाट्ने भापके इञ्जनका पहले-पहल आविष्कार किया। पहले तो लोग इसकी उपयोगिताको न समझ सके; किन्तु वह बहुत दिनो तक छिपी न रह सकी। लोगोंने समझ लिया कि जैसे घोड़े या बैलकी ताकतको जोतकर आदमी आटेकी चक्की, हल और गाडीको चला सकता है; उसी तरह उन्हे आग-पानीसे उत्पन्न इस भापकी ताकत-मे चलाया जा सकता है। सन् १६०० ई०मे ईस्ट इण्डिया कम्पनीकी स्थापनाके बादसे ही मसाले आदिके साथ हिन्दुस्तानी सुन्दर कपड़ोंकी इङ्गलैण्डमें बहुत माँग थी। उसमें नफा भी काफी था। इङ्गलैण्डके औद्योगिक दिमाग़में यह बात चक्कर काटने लगी कि यदि इस प्रकारका चरखा और करघा बनाया जा सके, जिसमें वाष्प-इञ्जनकी ताकत जोडी जा सके, तो हम कपड़ेको सस्ते दाममें तैयार कर सकते हैं। अन्तमे वह सफल हुआ, और सन् १७८५ ई०मे वाष्प-सञ्चालित चरखे-करघेकी मेशीनका पहला कारखाना इङ्गलैण्डमे कायम हुआ। नतीजा वही हुआ, यानी कपड़ा कम लागतमें तैयार होने लगा; क्योंकि हाथके करघोसे जितना कपड़ा चार आदमी तैयार कर सकते थे, उतना अनेक दोषोंके रहते भी शुरूकी उस मेशीनसे एक ही आदमी तैयार करने लगा। मजदूरोंको यह सोचनेमें देर न लगी कि इस आविष्कारका मतलब है, चार आदमियों की जगह सिर्फ़ एक आदमीको काम मिलना। मेशीनोंके जरिये नफा होते देख कितने ही और कारखाने खुले, और कुछ ही वर्षोंमें कितने ही मजदूर बेकार हो गये। इसपर मज़दूरोंने उत्तेजित

होकर एक मिलपर धावा बोल दिया और मेशीनोंको तोड़-फोड़कर खराब कर दिया।*

जिस समय भापसे चलनेवाली मिलोंके खिलाफ इङ्गलैण्डके मजदूरोंमें इस प्रकार उत्तेजना फैल रही थी, उसी समय १८०२ ई०मे फल्टनने भापसे चलनेवाले जहाज़को तैयार किया और जार्ज-स्टीफेन्सन् रेलके इञ्जनके बनानेमे ही सफल नही हुआ, बल्कि सन् १८२५ ई०मे उसने स्टाक्टन् और डार्लिङ्टन्के बीच लोहेकी लाइनपर छोटे डब्बोंके साथ एक इञ्जनको १२ मील प्रति घण्टेकी चालसे दौड़ा भी दिया। पूँजीपतियोंने देखा, यह तो तैयार मालको बड़ी जल्दी, कम खर्चमें, एक जगहसे दूसरी जगह भेजनेमे भारी सहायक हो सकते हैं। लोहेके जहाज़ बनने लगे और अब आग लगनेका डर भी जाता रहा, क्योंकि जहाज़ लकडीकी जगह लोहेके बनने लगे थे। अगिनबोटोंके प्रचारने कल-कारखानोंकी तरक्कीमें जहाँ मदद पहुँचाई, वहाँ कुछ समयके लिए मजदूरोंको भी उसने शान्त कर दिया, इसलिए कि इन साधनोंके द्वारा तैयार माल दुनियाके दूर-दूरके बाजारोंमें पहुँचने लगा। उस समय इङ्गलैण्ड ही कारखानोंका प्रधान देश था, इसलिए दुनियाके बाजारोंमें उसके प्रतिद्वन्द्वी न थे। मेशीनसे तैयार इस सस्ते मालकी इतनी माँग थी कि हर साल नये-नये कारखाने खुलने लगे। उनमे काम करनेके लिए अधिक-से-अधिक संख्यामें मजदूर लगाये जाने लगे।

कैसे इङ्गलैण्डमे पूँजीवादका आरम्भ‡ हुआ और कैसे भापसे चलनेवाली रेलों और जहाजोंने उसकी वृद्धि की, यह हम कह चुके हैं! अब तक धनी बननेके जरिये राज्यकी नौकरी, ज़मीदारी, खरीद-बेच और सूदपर रुपया देना था, लेकिन यह सब कल-कारखानोंके नफेके सामने कुछ न थे। इस भारी लालचके कारण जहाँ इङ्गलैण्डमें बहुत

---

*देखिए "मानव समाज" पृष्ठ २९३।

‡विस्तारके लिए पढ़िये "मानव समाज" पृष्ठ १८५-९०, २००-४

से लोग कारखानेदार बननेकी कोशिश करने लगे, वहाँ यूरोपके दूसरे देश भी, चाहे कुछ देरसे ही सही, उसका अनुसरण करने लगे। फ्रांस उस समय पूरब और पच्छिम दोनोंमें अंग्रेजोंका प्रतिद्वन्द्वी था। वह कब चुप रहनेवाला था? उसने भी कारखाने स्थापित करने शुरू किये। इसके बाद तो जर्मनी, हालैण्ड, आस्ट्रिया आदि यूरोपके सभी देश धन कमानेके इस सरल और द्रुततर साधनको अपनाने लगे।

उन्नीसवी सदीके पहले आधे भाग तक कल-कारखानेका प्रचार अर्थात् पूँजीवादका विस्तार यूरोपमें ही होता रहा। वहाँ अधिक कारखानोके खुलनेसे दो नतीजे हुए; एक तो इतने ज्यादा मालके लिए बाजार काफी न होनेसे यूरोपके देशोंकी आपसमें प्रतिद्वन्द्विता बढने लगी, दूसरे बाजारकी कमी और दिन-पर-दिन मेशीनोमें अधिक सुधार होनेसे बहुतसे मज़दूर कामसे वञ्चित हो बेकार पड़ने लगे।

भारतमे पूँजीवादका प्रवेश

उन्नीसवी सदीके मध्य तक, पराधीन हो जानेपर भी, भारत अपने नशेमें मस्त था। उसने अपने यहाँ आये माल और यूरोपके आदमियोंसे मेशीन-युगकी कुछ खबर तो जरूर पाई होगी; किन्तु उसके व्यापारियोंका ध्यान कल-कारखानोंकी ओर न गया। शायद अभी उनमें यन्त्रोंकी जानकारी न आई थी। व्यावसायिक बुद्धि, प्रगतिशील विचार और यूरोपीय जातियोंके संसर्गमें प्रथम आनेसे हिन्दुस्तानियोमें पारसियोंने सबसे पहले भारतमें मिलोंके लाभको समझा। कावस जी मनाभाई दावरने सन् १८६५ ई०में बम्बईमें पहली कपड़ेकी मिल खोली।* देखा-देखी अहमदाबादके हिन्दू व्यापारियोंने भी अपनी मिलें कायम कीं।

यद्यपि उन्नीसवी सदीके पिछले हिस्सेमें भारतमें मिलोंकी स्थापना

*यद्यपि भारतमें कपड़ेकी सबसे पहली मिल बंगालमें हुगलीके तटपर घौडिया नामक स्थानमें एक यूरोपियनने सन् १८१७ में खोली थी; किन्तु भारतीयोंमें कपड़ेकी पहली मिल खोलनेवाले दावर ही थे।

या पूँजीवादका प्रसार आरम्भ हो गया, किन्तु उन्नीसवी सदीके अन्त तक उसकी चाल बहुत धीमी थी। कारण थे—(१) अच्छी तरह संगठित और एक सदीका तजुर्बा रखनेवाले विदेशी कारखानोंके मालसे वह बाज़ारमे मुकाबला न कर सकते थे, (२) मेशीनोंका अभ्यास उन्हे बहुत कम था, (३) बैङ्क, बीमा आदि आजकलके व्यापारके साधनोंसे वह उतना काम न ले सकते थे, (४) विदेशी व्यापारी, जिनका भारतमे भारी प्रभाव था, यहाँ अपने देशके प्रतिद्वन्द्वी देखने पसन्द न करते थे।

बीसवी सदीके पहले पन्द्रह वर्षोंमे शिक्षा और विज्ञानके प्रचारने कल-कारखानोंके फैलानेमे यद्यपि ज्यादा मदद की, तो भी रास्तेमे कितनी ही रुकावटे होनेके कारण उसकी गति उतनी तेज न हो सकी। वस्तुतः कल-कारखानोंका अधिक प्रसार तो पिछले महासमरसे भारतमें होने लगा, जब कि यूरोपकी जातियोंके युद्धमे पड जानेसे वहाँके कारखानोंके मालका भारतमें आना रुक गया, और, इस तरह कुछ वर्षोंके लिए मैदान साफ हो गया। उस समय युद्धकी दृष्टिसे भी सरकारको भारतमे कल-कारखानोकी तरक्कीको उत्साहित करना पड़ा। जब एक बार चक्कर चल गया, तो उसका रोकना मुश्किल था। यही कारण था कि १६१४ ई०के बाद हिन्दुस्तानियोंने तरह-तरहकी चीजोंको तैयार करनेके लिए हजारों कारखाने बड़ी-बड़ी पूँजी लगाकर भारतमे खोले। आज भारतमे पूँजीवाद बचपनसे अपनी जवानी-की ओर पैर बढा रहा है। और इसके साथ भारतमे भी आज वह समस्याएँ खड़ी हो गई हैं, जो पच्छिमके व्यवसाय-प्रधान देशोंके सामने पहलेसे पेश थीं।

(२)

साम्यवाद क्यों पैदा हुआ ?

संसारमें विना कारणके कोई कार्य (बात) नहीं हुआ करता। पूँजीवाद भी तब पैदा हुआ था, जब उसके उत्पन्न करनेवाले कारण पैदा हो गये थे—अर्थात् (१) थोड़ी मेहनत, या विना मेहनतके धनी हो जानेकी मनुष्यकी स्वाभाविक इच्छा, (२) मेशीनोंके आविष्कार द्वारा थोड़ी-सी मेहनतसे बहुतसी चीजोंको तैयारकर सस्ते दाममे बेच उससे फायदा उठानेका सुभीता; (३) मेशीनों द्वारा बनी हुई चीजोंसे बाजारमे मुकाबला न कर सकनेके कारण स्वतन्त्र कारीगरोकी प्रतियोगिताका खतम हो जाना, (४) अधिक जानकारीकी जरूरत न होनेसे अनाड़ीसे आदमियोंका भी मेशीनों द्वारा सुन्दर चीजोंका बना सकना। इसी तरह साम्यवाद—जिससे यहाँ हमारा मतलब वैज्ञानिक साम्यवादसे है—तब प्रकट हुआ, जब उसको पैदा करनेवाले कारण आ मौजूद हुए।

जिस चीजमें मनुष्यकी मेहनत जितनी ही अधिक लगती है, उसकी कीमत उतनी ही अधिक होती है—यह समझना मुश्किल नही है। खोदनेकी बहुत भारी मेहनतके बाद और अक्सर बहुत-सी खुदाईकी मेहनत बरबाद करके हीरा कभी-कभी मिला करता है, अर्थात् एक हीरेमें वह सारी मेहनत शामिल है, इसलिए उसकी कीमत इतनी अधिक है। अगर एक आदमीकी आधे ही दिनकी मेहनतसे कोहनूर मिल जाते; तो उनकी कीमत इतनी न होती। हाथकी बनी चीजोकी कीमत इतनी अधिक इसीलिए होती हैं, क्योंकि उनमें आदमीकी मेहनत अधिक लगती है। आदमीकी मेहनत कम परिमाणमें लगने हीसे मेशीनकी बनी चीजे इतनी सस्ती होती हैं। मेशीनका यही प्रधान काम है कि चीजोंके पैदा करनेमे आदमीकी मेहनतको कम-से-कम इस्तेमाल किया जाय। नतीजा

यह होता है कि मेशीनोंके इस्तेमालसे उतनी ही चीजोको पैदा करनेके लिए उतने आदमियोकी मेहनतकी जरूरत नही पड़ती, जितनी कि उन्हीं चीजोको हाथसे बनानेमे पडती। हाथके करघेको ही ले लीजिए। उनसे एक आदमी आठ घण्टा रोज काम करके मुश्किलसे दस-बारह गज कपड़ा बुन सकता है, लेकिन उससे भी कम जानकार आदमी कपडेकी मिलमे जाकर उतने ही समयमे साठ-सत्तर गज कपडा बुन सकता है, और उसके बुननेकी ताकत भी, मेशीनमे जितना ही सुधार होता जायगा, उतनी ही चढती जायगी। आठ घण्टेमे एक आदमीका साठ-सत्तर गज कपड़ा बुननेका मतलब है, छै आदमियोके कामका एक आदमी द्वारा करना, और इसका दूसरा मतलब हुआ मेशीन द्वारा पॉच आदमियोको कामसे वञ्चित रखना।

मेशीने आदमियोके कामको छीन लेती हैं, यह बात समझनेमे उस समयके इग्लैण्डके अशिक्षित मजदूरोको भी देर न लगी, और कुछ ही वर्ष बाद उन्नीसवी सदीके आरम्भमे, हम इग्लैण्डके मजदूरो और कारीगरोंको कई मिलोको तोड-फोड़कर नष्ट करते देखते हैं, लेकिन तो भी ये भाव उतने भयकर नही हो सके। इसका कारण यह था कि उस समय तक मेशीनोंका प्रचार एकाध मुल्कोमे ही हो सका था, और चीजोकी खपतके लिए दुनियाके सभी बाजार खुले हुए थे, बल्कि यो कहिये कि वे कारखाने अभी इतनी चीजे पैदा भी नही कर सकते थे, जितनीकी बाजारोंमे मॉग थी। इसीलिए उस शुरूके जमानेमे नफेके निश्चित होने और घाटेका भय न होनेसे नये-नये कारखाने खुलते जाते थे, और हर नये कारखानेके खुलनेका मतलब था और अधिक मजदूरोको काम मिलना। इसी कारणसे उन्नीसवी सदीके पहले पचीस वर्षोंमे वहॉके मजदूरोंके भाव पूॅजीपतियोके खिलाफ उतने सख्त न थे। लेकिन एक देशको कारखानों द्वारा फायदा उठाते देख यूरोपके दूसरे देश ज्यादा दिनों तक चुप कैसे रह सकते थे ? दूसरे मुल्कोंमे भी कारखानोंके खुल जानेसे बाजारमे ज्यादा माल आने लगा, इसलिए पहलेके स्थापित

कारखानोंने जितने मजदूरोंको बेकार कर दिया था, अब उतने नये कारखानोंके न खुलनेसे उतने बेकारोंको काम नहीं दिया जा सकता था। दूसरी बात यह थी कि मेशीनोंमे नित्य नये-नये सुधार होनेसे जहाँ एक पुरानी मेशीनमे उतने कामके लिए दस आदमियोंकी जरूरत थी, अब नई सुधरी हुई मेशीनमें उससे आधे ही आदमियोंकी जरूरत पडने लगी। इस तरह साइंसकी उन्नति और नये-नये आविष्कार बेकारोंकी संख्याको और बढानेवाले सिद्ध हुए। हाँ, यह जरूर था कि जहाँ कुछ चीजोंको काम लानेवाले पहले थोड़ेसे आदमी थे, अब सस्ती होनेके कारण लोग उनको अधिक इस्तेमाल करने लगे। तो भी खरीदारोंकी सख्यामे उस अनुपातसे वृद्धि नहीं हो रही थी, जिस अनुपात और परिमाणमे बेकारोंकी संख्या बढती जा रही थी।

अब मजदूर देखने लगे कि एक ओर तो उन्हें कारखानोंमें काम नही मिल रहा है, और दूसरी ओर स्वतन्त्र कारीगरी या खेतीका जरिया उनसे छीन लिया गया है। पेटकी भूख एक साधारण बुद्धिवाले पुरुषको भी कुछ सोचनेके लिए मजबूर करती है। मजदूरोंने एक ओर उक्त प्रकारसे अपनेको बेबस देखा, और दूसरी ओर कितने ही लोगोंको कुछ ही दिनोंमे करोड़पती बनते देखा। यह समझनेमें उन्हें दिक्कत न हुई कि यह धन उन्हींकी मेहनतसे इकट्ठा हुआ है।

पूँजीवादने जहाँ मजदूरोंके लिए इतनी तकलीफोंका सामान इकट्ठा कर दिया, वहाँ उसने उनके लिए एक बडा लाभ भी किया, और वह था बडी-बडी तादादमें मजदूरोंको कारखानोंके पास इकट्ठा कर देना। जहाँ खेतीके मजदूर इधर-उधर बिखरे रहनेसे अपनी तकलीफोंको चुपचाप सह लिया करते थे, वहाँ कारखानोंके मजदूर संगठित हो आन्दोलन करनेकी ताकत रखते थे। शुरूमें चाहे रोग और उसके निदानका ज्ञान उनको बहुत धुँधला-सा-ही रहा हो, किन्तु उन्होंने उसी समयसे उससे बचनेके लिए अपने हाथ-पैर हिलाने शुरू कर दिये थे।

मनुष्य-जातिमें ऐसे लोग भी होते आये हैं, जो खुद आराममें रहनेपर

भी दूसरोंकी तकलीफोंपर सोचने और उसको दूर करनेके लिए अपना सब कुछ दे सकते हैं। जिस वक्त पूँजीवाद न था, और उसकी बुराइयोको इतने भयकर रूपमे देखना सम्भव न था, उस समय भी ऐसे विचारक पैदा हुए, जो आर्थिक समानताका प्रचार करते थे। गौतम बुद्धने ढाई हजार वर्ष पहले अपने भिक्षुओमे जिन्दगीके कामकी चीज़ोंको जरूरत देख बराबर बॉटनेका नियम ही नही बनाया था बल्कि व्यक्तिगत सम्पत्तिकी सीमा अत्यन्त छोटी करके सघ या समुदायकी सम्पत्तिकी सीमाको बहुत बढा दिया था। ईरानके मज़्दक् (पॉचवी सदी)ने भी यही किया। नवी सदीके मध्यमे तिब्बतके सम्राट् मुनि-चन्-पोने भी तीन बार अपने राज्यमे धन-सम्पत्तिको बराबर-बराबर बॅटवाया था। इस तरहके उदाहरण ससारके दूसरे हिस्सोंमे भी मिल सकते हैं। किन्तु जो साम्यवाद पूँजीवादकी असल दवा है, वह किसी व्यक्ति-विशेषकी उदारशायताका परिणाम नही है। इस तरहके उदार-हृदय व्यक्ति तो ऐसा भी सोच सकते थे, और इस बीसवी सदीमे भी सोच रहे हैं कि सभी खुराफातकी जड़ इन मेशीनोको ही क्यों न दुनियासे बिदा कर दिया जाय। जो साम्य-वाद पूँजीवादके रोगकी परम औषधि माना जाता है, वह है साम्यवाद, अर्थात् साइस विज्ञानोके लाभोंको लेते हुए, उसकी तरक्कीके रास्तेको खुला रखते हुए, पूँजीवाद द्वारा खड़ी की गई विपत्तियोको हटाना। जिस तरह बिजलीके लैम्पको ऊपरसे फूँककर बुझाया नही जा सकता, उसी तरह साइस द्वारा उत्पन्नकी गई समस्याओको अन्धी तपस्यासे हटाया नही जा सकता। वैज्ञानिक साम्यवादियोंने यह भली भॉति समझ लिया है, कि विज्ञानके आविष्कार स्वय बुरे नही हैं। जब इन आविष्कारोका इस्तेमाल वैयक्तिक नफेके लिए करना शुरू किया गया, तभी बेकारीकी यह भारी समस्या पैदा हुई। इसीलिए वैज्ञानिक साम्यवादी कहते हैं, कि विज्ञानके आविष्कारोंको कुछ आदमियोंके नफेकेलिए इस्तेमाल न कर सारे समाजकी भलाईके लिए इस्तेमाल करना चाहिए। यदि विज्ञान छै आदमियोंके कामको एक आदमीके करने लायक कर देता है, तो पॉच

आदमियोंको कामसे छुड़ाकर उन्हें भूखा नहीं मारना चाहिए, बल्कि कामके घंटोंको उन छै आदमियोंमें बाँट देना चाहिए। छै आदमी जितने कपड़ेको बारह घंटेमें बना सकते थे, यदि मेशीन द्वारा एक आदमी ही उतने कपड़ोंको बारह घंटेमें बना सकता है, तो उस बारह घंटेके कामको हम छै आदमियोंमें दो-दो घंटा करके बाँट सकते हैं। बेकारीका यह बहुत ही अच्छा हल है, जो साम्यवाद पेश करता है। इस बातसे यह भी मालूम हो जाता है कि पूँजीवाद और साम्यवाद दोनोंके ध्येय एक दूसरेसे बिलकुल उलटे हैं। दोनों ही विज्ञानके आविष्कारोंको काममें लानेके पक्षमें हैं, किन्तु जहाँ पूँजीवाद कुछ आदमियोंके नफेके लिए सारे मनुष्य-समाजके जीवनको नरक बनानेके लिए तैयार है, वहाँ साम्यवादका ध्येय है कुछ मनुष्योंके स्वार्थके लिए नहीं, बल्कि सारे मनुष्य-समाजके लिए सुख-सामग्रीकी वृद्धि करना। जब तक चीजोंको नफेके लिए तैयार किया जाता रहेगा, तब तक बेकारीके हटानेका नुस्खा—घंटोंको बाँटकर सभी लोगोंको काम देना—बरता नहीं जा सकता। वस्तुतः जैसे बाइसिकिल तभी तक खड़ी रह सकती है, जब तक कि वह चलती रहे; इसी तरह पूँजीवाद तभी तक चल सकता है, जब तक कि पूँजीपतियोंको वैयक्तिक नफा होता रहे। नफा उसके लिए जीवन-मरणका प्रश्न है।

आजकल दुनियामें सब जगह लोग तकलीफ ही तकलीफमें [illegible] पड़ते हैं। कारखानेवाले और व्यापारी ही बाजारकी मन्दीकी शिकायत नहीं करते, बल्कि गाँवोंके किसान और खेतोंमें काम करनेवाले मजदूर भी इसको अच्छी तरहसे अनुभव करते हैं। शहरोंके कारखानेवाले मजदूरोंकी भयंकर अवस्थाएँ देखनेको तो दूर, [illegible] भी नहीं। यूरोप और अमेरिकाके औद्योगिक देशोंमें ऐसे बेकारोंकी संख्या करोड़ों तक पहुँच गई है, [illegible] लिए [illegible] दुर्भिक्ष हो रहा है। [illegible] दिन यहाँ [illegible] स्त्री-पुरुष [illegible] [illegible] सकते हैं। आदमियोंके [illegible]

को इतने कष्टमें रख कुछ थोड़ेसे आदमियोंका सुखी रहना, किसी भी दृष्टिसे अच्छा नहीं कहा जा सकता।

पूँजीवादका दुष्परिणाम बेकारी ही नहीं है। पूँजीवाद मनुष्य-जातिपर एक और भयंकर आपत्ति लानेका कारण हुआ है, और वह है महायुद्ध*—ससारकी शान्तिको भग करना। हर एक पूँजीवादी देश यह चाहता है कि उसके कारखाने बराबर चलते रहे; लेकिन कारखाने तो तभी तक चलते रह सकते हैं, जब तक कि तैयार चीजे बिकती रहें। हम कह आये हैं कि उन्नसवीं सदीके पहले पचीस वर्षो तक दुनियामे बहुतसे नये बाजार अछूते पड़े हुए थे, लेकिन पिछली एक सदीमे बात बिलकुल ही बदल गई। अब तो चीजोंकी खपतके लिए कोई भी अज्ञात बाजार नहीं। वस्तुतः संसारके सभी व्यवसाय-रहित देशोको पूँजीवादी देशोंने आपसमें बॉट लिया है। किसी समय इग्लैण्ड दुनियाके अधिकाश बाजारोंका मालिक था। फिर जर्मनीने कारखानोंको बढाकर अपने लिए भी बाजारोको बढाना चाहा। परिणाम हुआ पिछला भीषण यूरोपीय महायुद्ध। अभी यह युद्ध हो ही रहा था कि मैदान खाली पा अमेरिका और जापान भी बाजारोंको हथियाने लगे। उनके कारखाने बहुत अधिक सख्यामे चीजे तैयार करने लगे। लडाईके बन्द हो जानेके इतने दिनों बाद भी आज हालत क्या है? अगर अमेरिकाकी चीजोंको इग्लैण्ड अपने साम्राज्यके भीतर नहीं आने देता—और आने देनेका मतलब है अपनी चीजोंकी खपतको कम करना—तो अमेरिका मौका देखता रहता है कि कैसे हम इंग्लैण्डके प्रभुत्वको हटावे। यही बात जापानके बारेमें है, और और भी भयकरताके साथ। असलमें तो गिनी-चुनी दो रोटियॉ हैं, और उनको खानेके लिए तैयार हैं दर्जनों मुँह !.

ससारके राष्ट्र इस अशान्तिको अच्छी तरह समझ रहे हैं, और यही कारण है, जो निरस्त्रीकरणकी इतनी चेष्टा हो रही है। तो भी जब

* देखिए "मानव समाज" पृष्ठ २५१-६६

तक अपने मालकी खपतके लिए बाजारोंकी छीना-झपट रहेगी, तब तक ससारके सिरपर लटकती हुई युद्धकी तलवार दूर नहीं हो सकती। बाजार और कच्चे मालके लिए नये देशोंपर अधिकार जमानेके लोभने २१ साल बाद फिर जर्मनीको भाग्य-परीक्षाके लिए मजबूर कर दिया। और उसने दूसरे महायुद्धको छेड़ दिया। उसने सोवियत संघपर आक्रमण कर कैसे युद्धके स्वरूपको बदल दिया जैसे हम अन्यत्र लिख चुके हैं।* अब तो पूँजीवाद ही दुनियाकी बड़ी-बड़ी लडाइयोका एकमात्र कारण हो रहा है। बाजारोंके कम होनेका एक और भी कारण उठ खड़ा हुआ है। पहले जो देश उद्योग-धन्धोसे रहित थे, वह भी बड़ी तेज चालसे अपने कल-कारखानोंको बढ़ा रहे हैं। हिन्दुस्तान हीको ले लीजिए। जहाँ लड़ाईसे पहले वह अपनी जरूरतके कपडोका पाँचवा हिस्सा भी मुश्किलसे बना सकता था, वहाँ अब वह प्रायः सभी कपडोको अपने ही यहाँ तैयार कर लेता है। लालटेन, फाउन्टेनपेन, पेंसिल, ब्रुश, ब्लेड, बैटरी जैसी सैकड़ो चीजें हैं, जो लड़ाईसे पहले हिन्दुस्तानमें तैयार नही होती थी, किन्तु अब उनके कितने ही कारखाने खुल गये हैं। इतनी चीजोके देशमें बननेका मतलब है, दूसरे देशोंसे उतने बाजारका छीन लेना। पहले ऐसे बहुतसे उद्योग-धन्धेरहित देश थे, जिनमें अब कारखाने बढ़ते जा रहे हैं। रूस, जो पहले बहुत कम चीजे तैयार करता था, अब दूसरा अमेरिका हो रहा है। चीन, तुर्की, ईरानकी बात छोड़ दीजिए, अब तो अफग़ानिस्तान, ईरान, जैसे देशोंमें भी कारखाने खुल रहे हैं।

बाजारोकी छीना-झपटीसे संसारमे युद्धकी आशंकाकी बात हम कह चुके हैं। मेशीनोके प्रयोगसे आदमियोंका बेकार होना और नये-नये आविष्कारसे बेकारीका और भी बढ़ना, फिर बाजारोंकी कमी रही-सही कमीको पूरा कर देती है। बेकारीकी समस्याको अधिक भयंकर रूप देने

---

*देखो "मानव समाज" पृष्ठ २०१-२, ४३९-४०

के लिए यही काफी थे, लेकिन इसके ऊपर संसारमे हर दसवे सालकी जन-गणना देखनेसे मालूम हो रहा है कि जन-संख्या बढ़ती ही जा रही है। सिर्फ भारतमे ही सन् १६२१ से '६४' तकके बीस वर्षोंमे छ करोड़ से अधिक आदमी बढ़े हैं। पूँजीवाद कुछ लोगोंको धनी बनाकर उनके लिए सुख और विलासकी नई-नई सामग्री जुटा सकता है। अधिक मूल्यवान् मोटरों, जिनमें हाथ-पैर हिलाना न पड़े ऐसे महलों और उनके सजानेकी हजारो चीजों, पेरिससे नित नये निकलनेवाले फैशनों और इसी तरहकी बहुतसी विलासिताकी वस्तुओंको वह ज़रूर हाजिर कर सकता है, किन्तु युद्ध और सार्वजनिक वेकारीकी समस्याओंके हल होनेकी उससे आशा रखना दुराशामात्र है। यह समस्याएँ तो वस्तुतः अब मनुष्य-जातिके जीवन-मरणका सवाल बन गई हैं। युद्धकी आशंकाको ही ले लीजिए। विज्ञानने ऐसे-ऐसे हथियार, ऐसी-ऐसी विषैली गैसें, ऐसे भयंकर कीटाणु मनुष्यके हाथमे दे दिये हैं, कि उसने यदि शान्तिका रास्ता न निकाल पाया, तो मानव-समाजका सर्वनाश हाकर ही रहेगा। ख्याल कीजिए, एक आदमीकी जेबमे स्याहीकी भरी फाउन्टेन पेनकी जगहपर एक वैसी ही शीशेकी नलीमे ऐसे भयकर कीटाणु-समूह हैं, जिन्हें वह आदमी हवाई-जहाजसे उडकर न्यूयार्क या लन्दन जैसे शहरमें छोड देता है, और कुछ ही घटोंमे इतने बड़े शहर मुर्दोंके ढेर हो जाते हैं। यह काल्पनिक बाते नही हैं। युद्धसम्बन्धी वैज्ञानिक आविष्कार आजकल इसी तरहके हो रहे हैं।

पूँजीवादके कितने ही और भी दुष्परिणाम गिनाये जा सकते हैं। पूँजीवादका भयकर परिणाम बहुतसे व्यक्तियोंको घोर दरिद्रतामें रखना भी है। हम ऐसे कितने ही लड़कोंको देखते हैं, जिनमें उत्तम प्रतिभा है। यदि उनको अवसर मिलता, तो ये अच्छे गणितज्ञ, वैज्ञानिक, कलाकार हो सकते मगर उनके माता-पिताके पास इतना धन नहीं कि वह अपने लड़केको उसकी रुचि और योग्यताके अनुसार आवश्यक शिक्षा दिला सकें। दूसरी ओर प्रतीभाहीन धनी सन्तानोंको पढाने-लिखानेमें हजारों

लाखों रुपये बरबाद किये जाते हैं। पूँजीवादकी ही बदौलत वकालत जैसे व्यवसाय भी चल रहे हैं, जिनके न रहनेसे मनुष्य-समाजकी सुख-सामग्री में कुछ भी कमी नहीं हो सकती थी, और जो प्रतिभाको दफनाने में कब्रिस्तानका काम देते हैं।

अनेक कारणोंमेंसे ये कुछ कारण हैं, जिन्होंने संसारमें साम्यवादको जन्म दिया है।

---

(३)

क्या पीछे लौटा जा सकता है ?

पहिले और दूसरे अध्यायोंमे हम पूँजीवाद और साम्यवादकी उत्पत्तिपर लिख चुके हैं। पूँजीवादसे उत्पन्न कठिनाइयोंका दिग्दर्शन कराते समय हमने लिखा था, कि उनकी दवा साम्यवाद है। हम यह भी लिख चुके हैं कि पूँजीपतियोंके वैयक्तिक नफेके लिए यन्त्रोंका अधिक प्रचार, उनके अधिक सुधार, तथा जन-वृद्धिने ससारमे भयकर बेकारी पैदा की है। वस्तुतः जन-वृद्धि तो वह प्रश्न है, जो भारतमे पूँजीवादके प्रसार न होनेपर भी उपस्थित रहता। भारतकी अक्षम्य दरिद्रता कैसे दूर की जाय, यह भी एक समस्या है, जिसपर हम अगले अध्यायमे लिखेंगे। इन समस्याओंका सामना हमारे देशमे दो प्रकारके आदमी करते हैं— एक तो वे जो धनकी बदौलत आरामकी जिन्दगी बसर करते हैं, और साम्यवादके हौवेने जिनकी अक्लको रात-दिन परेशान कर रखा है। यदि इस श्रेणीके लोगोंमे कुछ उदारमना हैं, और वह अपने पास-पडोस की नंगी-गरीबीको थोड़ी देर ख्यालमे लानेके लिए मजबूर होते हैं, तो वह साम्यवादको असभव और अवाञ्छनीय कहकर टाल देते हैं। और जो "आप सुखी तो जग सुखी"के मनानेवाले हे, उनसे तो अकल रखते भी इन बातोंपर विचार करनेकी आशा ही नही रखनी चाहिए। हाँ एक दूसरी श्रेणीके लोग हैं, जो परिस्थितिकी भीषणताको समझते हैं, और चाहते हैं कि इसके लिए कुछ किया जाये। इनमे भी दो प्रकारके लोग हैं, एक तो यही साम्यवादी, जिनके दृष्टिकोणसे यह पुस्तक लिखी गई है, और दूसरे वह जो कहते हैं—क्यों न हम इस शैतानी खुराफात यन्त्रवादको ही छोड़ उस पुराने युगमें चले चले, जहाँ इन यन्त्रोंका नाम न था, जिस वक्त हर एक गाँव एक पूरा ससार था, जहाँ

बढ़ई, लोहार, जुलाहा, किसान सब स्वतन्त्रतापूर्वक हरे-हरे खेतों और शीतल उद्यानोंसे घिरे, प्रकृतिकी गोदमें क्रीड़ा करते शान्ति और सन्तोषका जीवन बिताते थे, जबकि उनके पड़ोसके तपोवनोंमे ऋषियों और महात्माओंके प्रशान्त आश्रम अपने आध्यात्मिक आनन्द और प्रेमसे मनुष्य तथा पशुपक्षियों तकको आप्लावित करते थे। जिन यन्त्रोंके कारण हमारी वह सोनेकी दुनिया—वह सतयुग—छिन गया, चलो हम फिर वही चले चलें।"

यद्यपि उस "स्वर्णयुग"की कृतियों—पिरामिड, चीनी-दीवार आदिके इतिहासोंको पढ़नेवाले जरूर कहेंगे, कि ऊपरके भावुकतापूर्ण मनोहर चित्रमें तीन चौथाई झूठका रंग है, और दासताके उस प्रबल युगमें मनुष्यका मूल्य उतना भी न था, जितना कि आज-कल इस घोर "कलियुग"में। तो भी थोड़ी देरके लिए हम इस चित्रको सच्चा ही मान लेते हैं। इसमें शक नहीं कि यदि हम दो-तीन हजार वर्ष पहिले-वाले जमानेमें लौट जा सकें, तो पहिली दो समस्याएँ—यंत्रोंका प्रचार और सुधार—से उत्पन्न कठिनाई हल हो सकती है। लेकिन सवाल तो है, क्या हम पीछे लौटनेके लिए स्वतंत्र हैं? यंत्रका आविष्कार एक मनुष्यके एक घंटे दिमाग़ लड़ानेका फल नहीं है। इसका आरम्भ बहुत पहिलेसे है; तभीसे जबकि चतुष्पाद प्राणी चारों पैरोंका काम पिछले दो पैरोंके सुपुर्दकर अगले पैरोंको पृथिवीसे स्वतंत्रकर द्विपाद बन गया। अगले पैरोंसे डण्डे और पत्थरका फेंकना तो विकासकी आगेकी सीढ़ियों-मेंसे है। हम उन बातोंको यहाँ दुहराना नहीं चाहते, जिन्हें हम अन्यत्र* कह आये हैं। सारांश यह, कि मनुष्यमें मनुष्यता जबसे आई तभीसे वह यांत्रिक प्राणी है, भेद तो सिर्फ परिमाणका है। हमारे मित्र यंत्रोंकी विकासधाराके पहिले भागको नहीं ख्यालमें लाना चाहते। वह समझते हैं, हाथसे परिचालित कुम्हारका चक्का, चर्खा, रहट और रथ यंत्र नहीं हैं; यंत्र तो भाप, तेल या बिजलीसे चलनेवाली कलें ही हैं।

* देखो इस पुस्तककी भूमिका तथा 'मानव समाज' पृष्ठ ४, ५, १८-२०

अच्छा तो आप भाप, तेल या बिजलीसे चलनेवाले यन्त्रोंको—जो ही वस्तुतः हमारी वर्त्तमान् विकट परिस्थितिके उत्पन्न करनेमें मुख्य कारण हैं—ससारसे उठा देना चाहते हैं ? किन्तु जानते हैं, यह यन्त्र और उनके मूल सिद्धान्त विद्वानोंके दिमागसे निकले हैं। कैसे विद्वानोंके दिमाग़से ?—जिन्हें जीवन भरके अनर्थक परिश्रमसे यदि प्रकृतिका एक भी अज्ञात नियम मिल जाता है, तो उनके लिए ससारमें उससे बढकर आनन्दकी कोई वस्तु नही। यही नहीं, बल्कि यदि इस खोजको अनुचित समझा जाये, तो आपके हुक्मसे आगकी भयकर लपटोंमे जलने तथा चरखीके पेचमे पिसनेके लिए दो सौ वर्ष पहिलेकी भाँति आज भी वह सहर्ष तैयार हैं। और जब तक यह खुराफाती दिमाग—जो ही वस्तुतः शैतानका लोहारखाना है—मौजूद रहेगा, तब तक आप यन्त्रोंके अस्तित्व-को कैसे मिटा सकते हैं ? अब मालूम हुआ, पीछे लौटना उतना आसान और शान्तिमय नही है, जितना कि आप उसे समझ रहे थे। इसके लिए मनुष्यके सबसे ऊँचे दिमागोंका कत्ल-आम करना होगा, और इसे हमारे शान्ति-भक्त, सतयुग-यात्री कभी पसंद न करेगे।

हाँ लेकिन वह कह सकते हैं—वैज्ञानिको और विचारकोंके वध करनेकी आवश्यकता नही, हम उन्हें जीने देगे, लेकिन उनके आविष्कारों-का जिसमें लोग व्यवहार न करे, वैसा प्रबन्ध कर देगे। फिर अपने आविष्कारोंको निष्प्रयोजन होते देख वह स्वय उधर सोचना छोड देंगे, और इस प्रकार थोड़े ही समय बाद दुनिया अपने इन भयकर शत्रुओंसे मुक्त हो जायेगी। या यदि ऐसे कुछ पागल सोचनेसे बाज नही आयेगे, तो एक तो रसायनशाला आदिकी सुविधा न रहनेसे उनका काम असभव नहीं तो कठिन जरूर हो जायेगा, और पूरा होनेपर भी मदारीके खेलकी भाँति वह एक मनोरजनकी सामग्री मात्र रह जायेगा।

इन जैसे विचारवालोंको पहिले यह सोचना चाहिए, कि वैज्ञानिक खोजोंको व्यवहारमें लानेवाले कौन हैं ? और क्या उनमे ऐसी शक्ति है, जिससे कि उन लोगोंको उनकी उस नाजायज हर्कतसे बाज रक्खा जा

सके। इन खोजोका इस्तेमाल करनेवाले हैं, दुनियाके करोड़पति, अरबपति व्यवसायी व्यापारी—जिनके विमान आसमानमे वायुगतिसे दौड़ते हुए देशोके अन्तर और विस्तारको शून्यसा बना रहे है, जिनके तीस-तीस चालीस-चालीस हजार टनके जहाज समुद्रके कलेजेको चीरते चीजोको मिट्टीके मोलपर एक देशसे दूसरे देश पहुँचा रहे हैं, जिनकी रेले, मोटरे और हजार तरहकी दूसरी चीजे जीवनकी अत्यन्त आवश्यक सामग्री बन गई हैं। इन सबके साथ सबसे बड़ी बात यह है, कि दुनियाका शासन आजकल उनके ही हाथमें हैं, इसीलिए आप शक्तिसे उनपर क़ाबू नही पा सकते। आपका तर्क थोडी देरके लिए उनके मनोरजनकी सामग्री हो सकता है, यदि आप उसे रसकिन या गाधीके मोहक शब्दों और शक्लोके साथ पेश कर सके। और हो सकता है, कोई-कोई खाली वक्तमे आपके इस सर्मनको सुननेके लिए तैयार भी हो जायँ। इङ्गलैण्ड अमेरिकाके गोला-बारूदके तैयार करनेवाले कारखाने—जिनमें निरस्त्रीकरण सभाओंमे गला फाड़-फाड़कर लेक्चर देनेवाले राजनीतिज्ञों और उनके सम्बन्धियोकी बहुत-सी पूँजी लगी हुई है—जब मनुष्य-संहारक अस्त्रोंको, अपने देशकी रक्षाके लिए नहीं, जापान और चीनकी युद्धाग्निमें आहुति देनेके लिए, राष्ट्र-सभाके मना करनेपर भी बेचनेसे बाज नहीं आ सकते, तो क्या आशा रखते हैं कि आपके सूखे सर्मनसे वह सुईसे लेकर जहाज तक तैयार करनेवाले अपने कारखानोको बन्द कर देगे? और उनके धनसे पोषित दास पुरोहित वर्ग आपको चुप-चाप निकल जाने देगा?

यन्त्रोंका बहुत भारी इस्तेमाल तो सभी देशोकी सर्कारे करती हैं। रेल, विमान, जहाज, तोप, तारपीडो, बेतार, उनके लिए जीवन-मरणका प्रश्न है। जब तक पड़ोसीके पास यह चीजे रहेगी, तब तक कोई सर्कार उन्हे छोड़ कैसे सकती है? चगेजखाँकी सेना प्रशात महासागरसे डेन्युब तट तक क्यों विजयी हुई?—क्योंकि उसके पास हथियारोंमें बारूद शामिल हो गई थी। भारतमें बाबरकी विजयमे भी एक प्रधान कारण

वह बारूदकी तोपे थी, जो उस समय पहिले-पहिल भारतमे इस्तेमाल की गई। युरोपवालोके एशियामे विजयका कारण उनके लोहेका कड़ा होना—अर्थात् उनके पास अधिक शक्ति-शाली सुधरे आग्नेय-अस्त्रोका होना—भी है। ढाई हजार वर्ष पूर्व भारतमे लकडीकी दीवारोके किले रक्षाके लिए पर्याप्त थे, जैसे तीरोंके प्रहारके लिए वह उसी प्रकार पर्याप्त थे, जैसे कि आग्नेय अस्त्रोके जमानेसे पूर्व जिरह-बख्तर। फिर जैसे-जैसे हथियारोंकी शक्ति बढती गई, वैसे ही वैसे ईंट, पत्थर आदिकी अत्यन्त मोटी दीवारोवाले किले बनने लगे। तोपोके अत्यन्त शक्ति-शाली होनेपर तो फौलादी किलोकी जरूरत पडी किन्तु ऐण्टवर्प जैसे अभेद्य सुदृढ फौलादी किलेको जर्मन तोपोने २४ घन्टेमे उड़ा फेका। आजकल विमानोंके युगमे तो वह किले भी बेकारसे हो गये हैं। इस वक्त जबकि हर गवर्नमेट सद्यःआविष्कृत हथियारोसे अपनेको सुसज्जित करना चाहती है, आपकी बात कौन सुननेके लिए तैयार होगा ?

मान लीजिए किसी देशकी अकलका दीवाला निकल गया, और वह तैयार हो जावे सारे यन्त्रोंके बायकाट करने को, तो उसकी गति क्या होगी ? वही जो कोङ्गोके हब्शियोंकी है। वह किसी बलशाली शक्तिका हमेशाके लिए गुलाम बन जावेगा। सम्भव है वह शक्ति आप जैसे सौ-पचास आदर्शवादियोंको आत्म-शुद्धिके लिए वनमे तप और उपवास करनेकी सुविधा दे दे, किन्तु देशके लोगोको तो सुख और आशाके जीवनको सदाके लिए भुला ही देना होगा, क्योंकि मुक्ति यदि कभी हो सकती, तो वह विज्ञान हीकी सहायतासे, किन्तु आपने उन्हे उससे वञ्चित कर दिया।

इस प्रकार कोई ईमानदार सर्कार भी आत्म-रक्षाके लिए अत्यन्त आवश्यक साधनों, सामरिक महत्त्वके यन्त्रोंको छोडनेके लिए तैयार नहीं हो सकती। फिर कौन यन्त्र सामरिक महत्त्वका नही है, इसे कोई नही कहता। वस्तुतः यदि किसी देशकी पार्लियामेण्टमे कोई सतयुगवादी इस तरहका कानून पेश करे, कि सामरिक महत्त्व न रखनेवाले सभी यन्त्र

देशमे वर्जित ठहरा दिये जाये; तो वह सर्कारकी ओरसे शायद बिना विरोधके पास हो जावेगा, क्योंकि सर्कार आसानीसे बतला सकेगी कि कोई भी यत्र सामरिक महत्त्वसे खाली नही।है। हॉ, यदि कानून छापनेके काग़ज-स्याहीकी फजूलखर्चीका ख्याल आ जाये—और राष्ट्रीय मितव्ययिताके विज्ञापनके साथ एक ही लिफाफा अनेक बार इस्तेमाल करनेवाली सर्कारोके युगमे ऐसा हो सकता है—तो वह रुकावट भी डाल सकती है।

इस प्रकार स्पष्ट है, कि आपके सतयुगकी ओर लौटनेके लिए न व्यवसायी तैयार हो सकते हैं, न उनकी सर्कारे। हॉ हम मानेंगे, जब नकटे पथके लिए भी अनुयायी मिल सकते हैं, तो आपके निःस्वार्थ शुद्धभावसे निकले विचारोको कार्यरूपमे परिणत करनेवाले कुछ आदमी क्यो न मिल जायेगे। और यदि उनके पास रुपया होगा, तो नंगा-पथियों की भॉति शहरके बाहर वे भी अपना उद्यान, आश्रम या बस्ती बसा सकते हैं।

पीछे लौटनेमे दो सबसे बडी और हटानेमे असम्भव-सी कठिनाइयों को हम कह चुके। इनके अतिरिक्त और भी कितनी ही बाते बतलाई जा सकती हैं। वैसा करनेके लिए ज्ञानके प्रसारमें आजकल अत्यन्त सहायक प्रेस, अखबार तथा दूसरे यन्त्रोसे जितनी मदद मिलती है, उसे भी छोड़ना होगा। और फिर तालके पत्रों, लकड़ीके तख्तो और चमड़ोंपर लिखाई-पढ़ाई शुरू करनी होगी। पुस्तकोके अभावमे फिर पहिलेकी तरह विद्याको बहुत कुछ कंठस्थ ही करके रखना होगा। पहिले तो लाचार हो वैसा करना पड़ता था, और अब सुगम साधनो को अपनी ऑखोके सामने देखकर वैसा करना उतना आसान नही है जैसा कि जीभसे कहने में मालूम होता है।

यन्त्रो द्वारा उत्पन्न बेकारीकी समस्याको आपका सतयुगकी ओर लौटना कुछ हद तक हल कर सकता है, यदि आप वैसा करने मे सफल हो। लेकिन बेकारीका एक और भी कारण है—वह है जनवृद्धि।

ससारमे कुछ थोड़ेसे उद्योगप्रधान देशोंको छोड़, सभी जगह मनुष्य-सख्या बढ रही है, और बड़ी भयकर गति से। १६४१ ई०की जन-गणनासे मालूम होता है, कि गत २० वर्षोंमे भारतकी जनसंख्यामे ६ करोड़से अधिककी वृद्धि हुई। युक्त-प्रान्त और बिहारके अधिकाश जिलोमे यह हालत है, कि आदमी पीछे चौथाई एकड खेती लायक भूमि मुश्किलसे मिलेगी, और वहाँपर जगल या पर्ती ज़मीन भी इतनी नही, कि नये खेत बनाये जा सके। आप बिहारके सारन और युक्तप्रान्तके गोरखपुर जिलोंको ले लीजिए, जहाँ खेती लायक $\frac{१}{५}$ एकड़ भूमि भी आदमी पीछे नही पडती। वहाँ के लाखो आदमी कलकत्ता और दूसरे शहरोंके कारखानोमें काम करते हैं, तब भी वहाँकी गरीबी ब्यान नही की जा सकती। आपके सतयुगमे भी खाने-कपड़ेसे बेफिक्र होनेके लिए आदमी पीछे दो एकड़ खेत तो जरूर चाहिए, और गोचरभूमि तथा ऋषियोंके आश्रमका यदि इतजाम किया गया, तब तो उसे और बढाना होगा। फिर यह जमीन कहाँ से आयेगी? जमीनको बढ़ाना सभव नही तो खानेवालोंकी सख्याको कम कर देना होगा। क्या आप सारन जिलेकी चौबीस लाखकी आबादीको पाँच लाख करनेका नुस्खा बतला सकते हैं? शायद आप सन्तति-निरोधके भी पक्षपाती न होंगे, और हिंसाके रास्तेको तो कभी भी स्वीकार न करेंगे। यदि आपने एकबार दिलपर पत्थर रख किसी तरह घटाकर सख्या पाँच लाख कर भी दी, तो भी क्या ठीक है, कि पाँचवी पीढी तक बढ़कर वह फिर उतनी ही नही हो जायेगी?

जन-वृद्धि रोकनेमें कल-कारखानोंका प्रचार सहायक हुआ है। इग्लैण्ड, फ्रांस आदि यंत्रप्रधान देशोंमे जन-वृद्धि रुक-सी गई है। सन्तति-निरोध और यत्रवादको माननेवाले साम्यवादी इसकी ओरसे चिंतित नहीं हो सकते, किन्तु पीछे लौटनेवाले सतयुगवादी इसे हल नहीं कर सकते। उनके सयम और ब्रह्मचर्यके नुस्खे शायद एकाधके लिए लाभदायक हों; अलबत्ता वह समाजमें पाखड तथा कितने गुप्त अपराधोंकी सृष्टि ज़रूर कर सकते हैं।

हाँ आप कह सकते हैं—कुछ हम करेंगे, और कुछ भगवान् भी तो हमे सहायता देंगे ? नही जनाब ! आप स्वय कुछ मत करे भगवान् पर ही सबको छोड़ दे। ऐसा ही क्यो नहीं मनको समझा लेते, कि साम्यवादी जो कुछ कर रहे हैं—वह भगवान् ही कर रहे हैं। ईश्वरके बारेमें हम आगे कहेंगे, इसलिए यहाँपर इतना ही बस है।

इतना लिखनेसे यह मालूम हो गया कि पीछेकी ओर भागना हमारे लिए असभव है, हमें समस्याओंका सामान आगे बढ़कर करना होगा।

४

हमारी भयंकर दरिद्रताकी दवा साम्यवाद

तीसरे अध्यायमे हम कह चुके, कि क्यो हमारे लिए अब पीछे लौटना असभव है। पेट भरे फुर्सतवाले लोगोके हाथमे जब कलम होती है, तो वह भारतको भूस्वर्ग चित्रित करना चाहते हैं। यदि भारतसे मतलब कुछ सौ राजा-महाराजाओं तथा धनियो और जमीदारोसे है, तब तो यह बात कुछ हद तक ठीक हो सकती है। भारतको अपनी ऑखोसे न देखे बहुतसे यूरोपके नरनारी भी हमारे देशके राजाओको देख, वैसा ही समझनेकी गलती करते हे। किन्तु, क्या वास्तविक अवस्था ऐसी हे? भूस्वर्ग तो दूर, भारतके बहुसख्यक आदमी जैसी दरिद्रतामे हैं, उसका बाहरवालोको अनुमान भी नही हो सकता। यूरोपके लोग जिन्दगीको किसी तरह काट लेने अथवा भूखे मरनेसे अपनेको बचा रखनेको "रोटी मक्खनपर दिन काटना"के नामसे कहते हें। हमारे यहॉ के गरीबोके लिए तो वह सपनेकी बात है। यहॉ तो वे फसल काटनेके समय ही पेट भर रूखा-सूखा खा सकते हैं। बाकी समयमे कैसे गुजारा करते हें, इसका समझना मुश्किल है। बिहार और युक्त-प्रान्तके दीहाती ग़रीबोंको देखिए। चैतमे फसल काटते वक्त मजदूरी, भिखमङ्गी, या खेतमे छुटी बालोके चुननेसे उनका पेट जरूर भर जाता है, किन्तु आधे बैशाखसे ही अवस्था बिगडने लगती है। आषाढ पहुँचते-पहुँचते तो उनका चैतका हरा शरीर सूख जाता है। और फिर बरसातके आरम्भके साथ चकवॅड़, करमी आदिके उबले साग उनके जीवन-यापनके प्रधान आश्रय बन जाते हे। हॉ यदि उस साल आमोकी फसल हुई, तो उनकी गुठलियोकी रोटी भी उन्हे मिल जाती है। उनकी गरीबीका "बारहमासा" यदि बनाया जाये, तो सालके दो-तीन मासोको छोड यही करुण-कहानी

वर्षभर चलेगी। ऐसे आदमी शहरों और स्टेशनोंपर आसानीसे मिल जावेंगे, जो आपके फेके जूठे टुकड़ोको कुत्ते के मुँहसे छीनकर खा डालते हैं। आप उनको तब तक काम न करनेका ताना नही मार सकते जब तक देशके करोड़ों बेकारोंको काम दिलानेका प्रबन्ध नही कर देते। हमारा देश सौभाग्यवान् है, जो इतना सर्द नही, अन्यथा लोग कपडा खरीदनेमें जिस तरह असमर्थ है, उससे तो हर साल लाखो आदमियो-को जाडा ही उठा ले जाता। लाखो आदमी कोपीन, एक फटी धोती, या बहुत हुआ तो धोती-अँगोछीके साथ, क्या खुशीसे रहते हैं? यदि उन्हे शरीर ढाँकनेके लिए पूरे कपड़े मिले, तो क्या वह उसे फेक देगे? कितने ही हमारे शिक्षित भाई उनके मैले कपडोंपर नाक-भौ सिकोडते हैं। जिसने मुश्किलसे पेट-काट दस आने पैसे जमाकर धोती खरीदी, भला वह हर आठवे रोज एक पैसा साबुनके लिए कहाँसे लायेगा? यदि कोई थोडी कंजूसीसे काम लेता है, तो वह भी तो भविष्यके अधकारमय होनेके कारण।

और बीमारी?—वह तो इन लोगोंके लिए मौतका पर्वाना लेकर आती है। मुझे गाँवके एक गरीब घरका अपना अनुभव है, जोकि कुछ पुड़िया कुनैन और दो-तीन सप्ताहके मामूली पथ्य भोजनके अभाव मे तीन-चार वर्षोंके भीतर खतम हो गया। भारतके कोने-कोनेमें ऐसे लाखों उदाहरण मिल सकते हैं।

यह तो हुआ जीवनकी अनिवार्य तथा आवश्यक चीज़ोंके बारेमें। मनुष्य बननेके लिए शिक्षाकी भी आवश्यकता होती है। सर्कार गाँव-गाँवमे स्कूल नही खोल सकती, कहती है—खजाने में रुपया नही। क्या उसका भी कारण लोगोकी गरीबी नही है? यदि सब जगह स्कूल खोल भी दिये जाये, तो क्या सब लोग अपने लडकोको पढनेके लिए भेज सकते हैं? छः-छः सात-सात वर्षके लडकोंको भी तो गाय-बैल चराकर या बच्चा खेलाकर अपना पेट भरना पडता है, फिर स्कूलमे जानेपर उन्हे खाना-कपडा कहाँसे मिलेगा?

सक्षेपमे हमारे यहाँकी गरीबी दुनियामे मिसाल नही रखती। हमारे लोगोने चूॅकि दुनियाके और देशोको देखा नही, इसलिए वे अपने ही भीतर गरीबीका तारतम्य देख और तकदीर समझ उसे सह लेते हैं।

इस गरीबीके कारणोंमेसे कुछ तो ऐसे हैं, जिनके बारेमे पाठकोंने बहुत पढा-सुना होगा। लोग सारी बातोका दोष विदेशी शासनके मत्थे मढ छुट्टी ले लेना चाहते हैं। वह समझते हैं, स्वराज्य होते ही हमारे सब सकट दूर हो जायेगे। क्या स्वराज्य-प्राप्त देशोंमे गरीबीसे तंग आकर हर साल हजारों आदमी आत्म-हत्या नही करते ? यदि वह विदेशी शासन और विदेशी व्यापारके लिए देशसे बाहर जानेवाले धनको भारतके पैतीस करोड आदमियोमे बॉटकर देखे, तो उन्हे मालूम होगा, कि वैसा करनेसे भी लोगोकी आमदनीमे उतनी वृद्धि न होगी, जिससे वह साधारण मनुष्य-जीवन व्यतीत कर सकेगे। यदि स्वराजी सर्कारने उद्योग-धन्धोकी मदद की तो इसमे शक नही, हालत कुछ सुधरेगी; फिर भी हमारे अधिकाश देशवासी यूरोपके गरीबोसे भी निकृष्ट अवस्था हीमें रहेगे।

हमारे देशकी गरीबी ऐसी नही है, जिसका इलाज न हो। सभी साधन रहते भी हम बेबस है, क्योंकि हम उन साधनोका इस्तेमाल कर नही सकते। मनुष्यका श्रम ही तो धन है। भारतके पैतीस करोड़ आदमियोमे अठारह करोड आदमी तो अवश्य काम कर सकते हैं। आजकल उनमे से थोडे तो धनी होनेके कारण काम करनेमे अपनी हतक समझते हैं। यही नही, उनको अपने शरीरकी देखभाल सेवा-टहलके लिए भी दर्जनो आदमी चाहिए। वह स्वय भी काहिल हैं, और दूसरोके कामके भी चोर। लेकिन जो लोग काम कर सकते हैं, क्या उन सबको काम मिलता है ? किसी पूॅजीवादी देशमे सबको काम मिल ही नहीं सकता। मिल-मालिकों और जमीदारोंको एक परिमित सख्यामे ही मज़दूर चाहिए। राजा-महाराजो, सेठ-साहूकारोके खिदमतगारोंका काम उत्पादक श्रम नही है, क्योकि उनके कामसे

मनुष्य-जीवनके लिए आवश्यक कोई चीज उत्पन्न नहीं की जा सकती। आखिर श्रम और वेतन एक दूसरेपर आश्रित चीजें हैं। जब श्रम खाने-पहिनने, रहनेकी चीजोको पैदा करता है, तो श्रमिकको यही चीजे रुपये पैसेके सकेतसे वेतनके रूपमें मिलती हैं। जितनी ही जीवनकी उपयोगी चीजे अधिक परिमाणमें पैदा होगी, उतनी ही वेतनमे फराखदिली होगी, लेकिन पूँजीवाद तो सभी कामोको करता है नफ़ेकी दृष्टिसे। नफेके रास्तेकी कितनी ही रुकावटोंको हम पहले कह आये हैं, जिसके कारण पूँजीवाद राष्ट्रके सभी श्रमको इस्तेमाल नही कर सकता। यही वजह है, जो पूँजीवादमे श्रमका अपव्यय और नाश बहुत भारी परिमाणमें होता है। हम यहाँ एक उदाहरण देते हैं। जनवरी १६३४ में बिहारमें भीषण भूकंप आया। शहर और देहातके लाखों घर, आने-जानेकी सड़के और पुल, नष्ट हो गये। उनका फिरसे बनना अब एक पीढ़ीका काम समझा जा रहा है। यह क्यों? क्या बिहारमें पत्थर, ईंट, ककड, लकडी और लोहेका अभाव है? क्या काम करनेवालोकी कमी है? नही, अकेले उस पीड़ित इलाकेमे ही एक करोड आदमी बसते हैं, जिनमेंसे आधे कोई न कोई काम जरूर कर सकते हैं। मुँगेरके आस-पास पत्थरोके पहाडके पहाड है। तराईका साखुओंका जङ्गल भी बहुत दूर नही है। इसी प्रकार झरियाकी खाने—जिनका बहुतसा निकाला हुआ कोयला बेकार पडा रहता है, और ताताका लोहेका कारखाना भी बहुत दूर नही है। तब क्या बात है, जो उजड़े बिहार को बसनेके लिए एक पीढी तक प्रतीक्षा करनी पड़ेगी? क्योंकि उक्त सभी चीजे राष्ट्रकी न समझी जाकर कुछ व्यक्तियोंकी समझी जाती हैं। और वह व्यक्ति या पूँजीपति नफेके बिना उन चीजोंके इस्तेमाल करनेकी आज्ञा नहीं दे सकते। श्रमका मूल्य तो वह नफा देखकर लगाते हैं। यदि पूँजीपतियोंको उससे कुछ अधिक नफा हो जितना कि पचास लाख आदमियोकी मजदूरीमें देना पड़ेगा, तो प्राप्य होनेपर काममें लगानेके लिए पूँजी दी जा सकती है। किन्तु इसकी वहाँ सम्भावना ही

नही है। वनी चीजे राष्ट्रीय धनमे वृद्धि करेगी, यह तो उन्हें ख्याल ही नहीं हो सकता। फलतः, इस व्यक्तिगत सम्पत्ति, इस पूँजीवाद और उसके नफेके सौदेके कारण बिहारको बसनेके लिए अभी वर्षों तक प्रतीक्षा करनी होगी।

यदि आज बिहारमे साम्यवादी शासन होता, तो क्या होता ? वह भूकम्पके दूसरे ही हफ्ते काम करने लायक पचास लाख आदमियोंको पुनर्निर्माणके काममे लगा देता। यदि एक-एक आदमी पचास-पचास टोकरी मिट्टी भी उठाता तो एक दिनमे पचीस करोड़ टोकरी मिट्टी सडकोपर रखी, या खेतोंसे हटाई जा सकती थी। फिर जो पानीके रास्ते बालूसे भर गये थे, उन्हे साफ करते कितना समय लगता ? बरसात खत्म होते ही यदि यह पचास लाख आदमी मकानो और उनके लिए उपयोगी सामानके बनानेमे लग जाते तो उजडे बिहारको पहिलेसे भी सुन्दर स्वास्थ्यप्रद घरो, सडको और पुलोसे सुसज्जित करनेमे क्या एक डेढ वर्षसे ज्यादा लगता ? वेतनका सवाल ? सभी जीवनकी आवश्यक चीजे तो बिहार हीमे तैयार होती, फिर उनका विनिमय कोई मुश्किल न था। साम्यवादी सर्कार हर एक आदमीको एक रुपयेका नोट प्रति दिन देती जो उसके कामका प्रमाण भी होता और साथ ही साथ उससे वह आवश्यक चीजे खरीद सकता। ज्यादासे ज्यादा यही होता कि एक वर्षके लिए खाने-पहिननेकी चीजे बाहरके प्रान्तोसे मँगानी पडती। यदि पडोसी प्रान्त साम्यवादी न होते तो इससे उनके बाजारकी मन्दी ही कुछ कम होती। बादमे तो बिहार खुद स्वावलम्बी हो जाता और अपने सहायकोकी जरूरत पड़नेपर उसी प्रकार सहायता करता।

साम्यवादका ध्येय है, सारे देश या विश्वको एक सम्मिलित परिवार बना देना, और देशकी सारी सम्पत्तिको उस परिवारकी सम्पत्ति करार देना। भारत जैसे देशमे जहाँ कि जीवनकी सभी आवश्यक चीजें उत्पन्न की जा सकती हैं—काम है, वार्षिक आवश्यकताका अन्दाजा

लगाकर उसके उत्पादनके लिए सारे परिवारके आदमियोंमे काम बॉट देना है। और फिर उत्पन्न चीजोंको भी आवश्यकतानुसार दे देना है। स्वस्थ आदमीको खाना-कपड़ा, स्वच्छ मकान, बीमारके लिए दवा और पथ्य और लडकोंकी शिक्षाका भी प्रबन्ध हो गया बस काम खत्म। नफ़ा तो दूसरेकी मेहनतकी चोरीका प्रतिष्ठित नाम है। उसके लिए साम्यवादमे स्थान नही है।

इस तरह मालूम हुआ हमारी भयकर दरिद्रताका अन्त साम्यवाद ही कर सकता है, क्योंकि वही सदुपयोगके साथ सभी लोगोको काम दे सकता है।

(५)

हमारे सामाजिक रोग और साम्यवाद

पुस्तककी भूमिकामे हम सक्षेपसे कह चुके हैं, कैसे भारतमें प्राग्द्राविडीय, हब्शी, द्रविड़ और आर्य—इन चार जातियोका सम्मिश्रण हुआ। कैसे आर्योंके आनेपर आजसे साढे तीन हजार वर्ष पूर्व काले-गोरे या शूद्र-आर्यका प्रश्न उठा। आर्य विजेता थे। वह अपनी सब बातोंपर अभिमान करते थे। वह साम्यवादी तो थे नही, कि विजेता और विजितके भेदको भुला देते। उनके शरीरका रग-रूप भी विजितोंसे भिन्न था। वह नही चाहते थे, कि काले, नाटे, चिपटी नाक वाले अनार्योंके ससर्गसे उनका गोरा रग, लम्बी नाक और ऊँचा कद बिगड़ जाये। इन भावोने समय-समयपर उग्र रूप भी धारण किया होगा, और इसके कारण उस अन्धकारपूर्ण अतीतमे अमेरिकाकी भॉति कई बार इस भूमिपर भी लेचिङ्की होली जरूर खेली गई होगी। अपमान और भेद-भाव भरे बर्तावोको हटानेके लिए यदि इस बीसवी सदीके मध्यमे भी जब इतने आन्दोलनकी आवश्यकता है, और वह भी घोर विरोध और कटुतासे खाली नही है, तो उस समय अवस्था कैसी भयकर रही होगी इसका अनुमान सहज ही हो सकता है। और उसकी कुछ सूचना तो आर्योंके अपने पुराने ग्रन्थ भी दे सकते हैं।

हॉ, तो आर्योंके इस सारे अभिमानका कारण उनका गोरा रग, और विजेता होना था। भारतमे यह रग या वर्णका प्रश्न साढे तीन हज़ार वर्ष पुराना है। सामाजिक वहिष्कारके कडे होनेपर भी नित्यके सहवाससे आखिर रक्त-सम्मिश्रण हुआ ही। वर्णाश्रम धर्मके कट्टर पक्षपाती आजकलके मद्रासी ब्राह्मणोमे अधिकाशका रग ऐसा है, कि उन्हे देखते ही सप्तसिन्धुके आर्य कवषऐलूषकी भॉति शूद्र कहकर निकाल

देते। आज तो आर्योंकी किसी भी उपजातिको ले लीजिए, उनके बहुतसे आदमियोंमे अनार्योंका रंगरूप जरूर मिलेगा। साथ ही अनार्य जातियोंमे भी बहुसख्यक स्त्री-पुरुष ऐसे मिलेगे, जो रग-रूपमे आजकलके अच्छे रंग रूपवाले आर्य-सन्तानोके समान हैं। इस प्रकार आजकल वर्णों (=रगों) की संकरता (सम्मिश्रण) इतनी हो गई है, कि वर्ण-भेदका पुराना कारण अब है ही नही। आज पराजित होनेपर पुराना विजेता होनेका अभिमान भी हास्यास्पद है। इतना होनेपर भी वह भाव अभी तक वैसे ही हैं।

आर्य-अनार्यका भेद चला ही आता था, पीछे और हजारो जातियोके स्थापित होनेपर तो अवस्था और बुरी हो गई। किसी समय यह अलग-अलग जातियाँ कम-वेशी आर्य रुधिर और व्यवसायोके कारण बनी थी। उस समय कमसे कम आर्योंमे पारस्परिक विवाह तथा दूसरे सम्बन्ध हुआ करते थे, जिसके कारण इन जातियोंका बिलगाव उतना न था। किन्तु आज तो सभी जातियोका अपना बिल्कुल स्वतंत्र संसार है। उनका शादी-ब्याह मरण-जीवन अपनी जाति तक ही सीमित रहता है, फिर दूसरी जातिकी अपेक्षा अपनी जातिमे अपनापन अधिक क्यो न हो? तो भी पहिले जातीयताका भाव इतना न था। किन्तु पिछली शताब्दीके अन्तसे उन्होने अपने-अपने अलग जातीय संगठन करके, दूसरी जातियों-से पृथक् रहनेके लिए गहरी खाई खोद ली है। आज इसके फलस्वरूप सार्वजनिक जीवनमें बड़ी घृणित गुटबदी आगई है। प्रान्तसे लेकर जिलो तकमे जातियोकी दलबन्दी देखी जाती है। जिधर सुनो उधर ब्राह्मणपार्टी, (इसमे भी मालवी, काश्मीरी, मैथिल, कान्यकुब्ज आदि) कायस्थपार्टी, (इनमे भी माथुर, श्रीवास्तव आदि) राजपूतपार्टी, भूमि-हारपार्टी, जैसे नाम सुननेमे आते ही नहीं हैं, बल्कि जातिके नामपर उन्हें सफेदको स्याह और स्याहको सफेद करते देखा जाता है। सभी बातोंमे एक योग्य आदमी प्रोफेसरी या डिप्टी कलेक्टरी नही पा सकता और उसने बिल्कुल अयोग्य व्यक्ति उसमे कामयाब हो जाता है। वजह है—

अयोग्य व्यक्ति उस जातिका है जिसमे कि सिफारिश करनेके लिए वारसूख या उच्चपदस्थ आदमी मौजूद हैं। राजकीय नौकरियों हीमे नही कई जगह तो शिक्षण-सस्थाओं तकमे यह भयकर रोग चला आया है, और परीक्षक लड़कोको अच्छी श्रेणीमे पास करनेमे जातिका ख्याल देखते हैं। व्यापार और दूसरे क्षेत्रोंमे ऐसा पक्षपात तो खानगी बात कहकर टाला जा सकता है।

जातियोकी भॉति प्रादेशिकताका भेद भी भारतमे कम कडवा रूप नही धारण कर रहा है। यहॉ भी वही कुत्सित पक्षपात देखा जाता है। किसी जगह एक आदमी पहुँच गया बस योग्य-अयोग्यका ख्याल न कर अपने प्रान्तवासियोंको भरनेकी कोशिश करता है। जाति-भाईकी भॉति प्रान्त-भाईके लिए भी कोई वेईमानी अकरणीय नही है। एक विश्व-विद्यालय के अध्यापकके बारेमे कहा जाता है कि वह कभी दूसरे प्रान्तीय-को अच्छे नम्बरमे नही पास करता। दूसरेके लिए कहा जाता है, उसने अपने प्रान्त-भाईकी नियुक्तिके लिए उसके नामसे निबन्ध तक लिख दिया। ऐसे लोगोंको यदि नजदीकसे देखे, तो आपको मालूम होगा वह बुरे नही हैं, बल्कि बाज तो आदर्श सज्जन हैं—तो भी वह ऐसा करनेपर मजबूर क्यो होते हैं? राष्ट्रके इस प्रकारके दूषित विभाजनके कारण।

कौंसिलों, डिस्ट्रिक्ट-बोर्डों और म्युनिसिपैलिटियोंके चुनावोके वक्त इन जाति, प्रान्त आदि भेदोंके कारण कितनी गदगी फैलती है, इसके कहनेकी आवश्यकता नही। आगे हम धर्म सम्बन्धी हानियोंको बतलावेगे, किन्तु यह जाति और प्रान्तके भेद तो धर्मसबन्धी भेदसे भी अधिक जबर्दस्त हैं।

साम्यवादको छोड, इनके दूर करनेका क्या कोई उपाय है? नही, क्योंकि आर्थिक लाभ और प्रभुताके स्थानोके प्राप्त करनेकी सभीको चाह है। उस चाहकी पूर्तिके लिए जो भी काम हो, आदमी करनेके लिए तैयार हो जाता है। विवाह आदिके कारण सबधके घनिष्ठ होनेसे

जाति और प्रान्तकी दुहाई उसके अपने अभीष्टमे अधिक सहायक मालूम होती है, और उससे वह फायदा उठाना चाहता है। यह ऐसा फायदा है, जिसमें बड़े-बड़े सिद्धान्तवादी तक फिसल जाते हैं।

यह सब तब हो रहा है—जब हर एक विचारशील भारतीय आसानी से जान सकता है कि उसके देशको पतित और पददलित करनेमे सबसे प्रधान कारण जाति-भेदकी बुरी प्रथा है, जिसने जातिको अनेक टुकडोमे बॉटकर बिल्कुल निर्बल कर दिया। आप भारतीय इतिहासके किसी भी बड़े राष्ट्रीय पराभवको ले लीजिए उसमे जातिभेदको मूल कारणके तौरपर जरूर पायेगे! असाम्यवादी राष्ट्रीय-विचारके लोग भी इस भयंकर रोगको समझते हैं, वह जानते हैं कि जब तक हम इस रोगसे मुक्त नहीं होते, तब तक स्वतंत्र सॉस लेना हमारे लिए सभव नही। तभी तो वह अछूतोद्धार या जात-पॉत तोड़नेमे सरगर्मी दिखला रहे हे।

लेकिन सवाल यह है—यह आन्दोलन जो साम्यवादको अपने पास तक भी फटकने नही देते—क्या राष्ट्रके एकीकरणमे सफल हो सकते हैं? नही, यह सभव नही, क्योंकि जाति और प्रान्तके भेद अब सामाजिक भेद मात्र नही रह गये। अब तो इनके साथ आर्थिक भेद सम्मिलित हो गये हैं। आखिर ऊँची जातके समझदार लोग अछूतोके उद्धारकी ओर इतनी सरगर्मी क्यो दिखला रहे हैं? वह समझते हैं—अब शिक्षाप्रचार और विदेशियोके ससर्गसे उन लोगोंमे भी आत्म-सम्मानका भाव आगया है अब वह पीढियोके अपमानको और अधिक सहन करनेके लिए तैयार नही हो सकते। लेकिन बड़ी जातिवालोके मन्दिरो और कुँओंके खोल देनेसे वह असतोष, वह भेद क्या मिट जा सकता है? नही, क्योकि मन्दिरोके खोलनेसे कहीं अधिक कठिन है, अछूतोके लिए सभी रोजगारोमे प्रवेश करनेकी रुकावटका दूर करना। एक चमार क्या कपड़ेकी दूकान खोलकर बिना दीवाला निकाले बच सकता है? क्या फल, मिठाई और दूसरी दूकाने खोलनेमे भी उसकी वैसी ही दुर्गति न होगी? स्कूलोके कितने ही अछूत अध्यापकोंका तो लोगोंने नाकमें

दम कर रखा है। दार्जिलिङ्ग जिलेके एक अछूतजातीय डाक्टरको, उनके हाथकी दवाई लेनेसे इन्कार करके ऊँची जातिवालोंने इतना तंग किया, कि उन्हें अपनी नौकरी छोडकर बैठ जाना पडा। रोजगारमें अछूतोका वहिष्कार तो ऊँची जातिवालोंकेलिए नफेका सौदा है, वह कब उसे आसानीसे छोड़ने लगे। अछूतोंका तो मन्दिर और शास्त्रके वहिष्कारसे ही उद्धार हो सकता है, किन्तु यहाँ वही फंदे उन्हें फँसानेके लिए फेके जा रहे हैं।

उपरोक्त कथनसे स्पष्ट है, कि इन सामाजिक भेदभावोंने आर्थिक जीवनपर भारी प्रभाव डाला है। इनके द्वारा दलित जातियाँ आर्थिक दृष्टिसे भी दलित रक्खी जाती हैं। पूँजीवादके अनुसार तो हर एक व्यक्ति अपनी सम्पत्तिका स्वामी है, वह जैसे चाहे वैसे उसका उपयोग कर सकता है। फिर आर्थिक क्षेत्रमे उसपर कैसे ऐसा दबाव डाला जा सकता है, जिससे कि वह अपने अछूत भाईको भी आगे बढ़नेके लिए मौका दे।

इन सामाजिक रोगोंकी दवा भी हमे साम्यवादसे ही मिलेगी, क्योंकि वह वैयक्तिक आर्थिक लाभकी जड़पर ही कुल्हाड़ा मारता है। विशेष आर्थिक लाभकी आशा न होनेपर कौन गुनाह-बेलज्जत करेगा ? मान प्रतिष्ठाके लिए ? सो तो योग्यतापर निर्भर है, वह सिफारिशके आधारपर कितने दिनों तक टिक सकता है ? जातीय बंधनों और रूढियोंके प्रधान समर्थक कौन होते हैं ? वही जिनके पास धन होता है। धनके कारण वह दूसरोंकी सम्मतिपर अपना भाव डालते हैं। साम्यवाद उस धनको ही उनके हाथमें नहीं रहने देगा, फिर सेठ पूनमचद और मँगतू बनिया या महाराजा चौपटनाथ और जगुआ रजपूतकी रायके प्रभावकी न्यूनाधिकता तभी होगी, जब उसके पीछे व्यक्तिकी निजी योग्यता हो। यह सभी जानते हैं, कि जात-बिरादरीमें अधिक चलती होनेके लिए विद्या, बुद्धि या सज्जनता उतनी आवश्यक चीज नहीं, जितना कि धन। जातिके पञ्चोंके हाथसे धन छीन लेनेका मतलब है, उनके

प्रभावको नष्ट कर देना। उसके बाद फिर बुद्धि और विद्याकी बात निष्पक्षतासे सुनी जायेगी, और फिर छोटी-छोटी जातियोंको तोड़कर एक विशाल जातिके बनानेका अवसर मिलेगा। तब समान भाव रखनेवाले कायस्थ तरुण और ब्राह्मण तरुणीके विवाहको कोई न रोक सकेगा, और न असमान भाव वाले ब्राह्मण तरुण तरुणीको ब्याह करनेके लिए कोई मजबूर ही कर सकेगा। दरअसल ग़ौरसे देखनेपर मालूम होगा, कि इन सामाजिक भेद-भावोंको दृढ़ता प्रदान करनेवाले हैं, उनके भीतरके आर्थिक स्वार्थ। एक बार उन आर्थिक स्वार्थोंको हटा दीजिए, फिर इस सारी विशाल इमारतके गिरनेमें देर न लगेगी। दूसरे सभी सुधार-आन्दोलन रोगकी जड़को न काटकर पत्तोंके नोचने जैसे हैं। चिरकाल तक होते रहनेपर भी उनका असर तह तक नहीं पहुँचेगा, और न अपना चिरस्थायी प्रभाव छोड़ेगा।

---

(६)

साम्यवाद और अच्छी सन्तान

हमारी सभ्य सरकारे अपने देशवासियोके स्वास्थ्यपर ध्यान देती हैं। उन्होने इसके लिए हजारों डाक्टर नियुक्त कर रक्खे हैं। इसी ख्यालसे नगरोंमे म्युनिसिपैलिटियाँ मोरियोकी सफाई आदिका काम करती हैं। [वस्तुतः म्युनिसिपैलिटियाँ जो सडक-सफाई, रोशनी, पानीका प्रबन्ध करती हैं, वह तो अधूरा साम्यवाद है। ठीकेदारको ठीका देनेपर यह काम भी नफेका सौदा हो जाता है। जो लोग कहते हैं, साम्यवाद कामको सुचारु रूपसे तथा सुव्यवस्थित तरीकेसे नही कर सकता, उनके लिए ससारकी लदन, पैरिस जैसी बड़ी-बडी म्युनिसिपैलिटियाँ उत्तर हैं, यद्यपि उनमे सडक, पानी, रोशनी जैसी कुछ चीजोंका ही अधूरे तौरसे राष्ट्रीकरण किया गया है] चिकित्सा, सफाई आदिपर जो इतना खर्च किया जाता है, वह इसीलिए कि जिसमें मनुष्य स्वस्थ हो, भयंकर बीमारियोंसे छूटे। किन्तु सबसे भयकर बीमारियाँ तो पैतृक होती हैं; जिनके नाशके लिए बेहतर सन्तानका उत्पादन ही उपाय हो सकता है। आप कोढ जैसे घृणित रोगोको ले लीजिए, जो एक ही व्यक्तिके लिए भयंकर नही होते बल्कि अनेक अगली पीढियो तक बढते ही जाते हैं। कुष्ठ कितना भयकर रोग है ? वह आदमीको लोगोकी दृष्टिमें घृणित बनाता तथा उसे घुला-घुलाकर मारता है। यही नही, बल्कि आरम्भिक अवस्थामे वह अपने आस-पासके लोगोमे कुष्ठके लाखो कीटाणुओके बाँटनेका काम करता है और अनेकोको अपनी ही भाँति बनानेवाला होता है। और ऐसे कोढीकी जो सन्तान होती है, वह तो निश्चय ही कोढी होती है। यदि किसी कारण दूसरी पीढीमे असर नही दिखाई देता, तो तीसरी पीढीमें जरूर आता है। यदि आप कुष्ठ-सम्बन्धी पुस्तकोको

देखें तो मालूम होगा कि दुनियामें यह रोग कम होनेकी अपेक्षा बढ़ता ही जा रहा है। भारतमें बॉकुड़ा जिले जैसे स्थानोंमें तो इसकी वृद्धि बड़े ज़ोरोंसे हुई है। चम्पारनके एक गाँवमें पहले चार-छः कोढ़ी हुए, पीछे बढ़ते-बढते सारा गाँव कोढ़ियोका हो गया।

कोढके रोकनेकी तदबीर आज कितने ही वर्षोंसे बड़े-बड़े डाक्टर सोच रहे हैं। यदि मनुष्य जातिको इस राक्षसके पजेसे छुड़ानेका उपाय भी सूझता है, तो वह उसका प्रयोग नही कर सकती, क्योंकि पूँजीवाद नामके लिए तो अपनेको अराजकता और अव्यवस्थाका विरोधी प्रगट करता है, किन्तु व्यक्तिगत सम्पत्ति और उसके दुरुपयोगका खुला-अधिकार दे, वस्तुतः वह उसका पृष्ठपोषक है। कमसे कम राष्ट्रकी दृष्टिसे तो कोढ लाइलाज बीमारी नहीं है। यदि कोढ़ियोंकी बस्ती अलग बसा दी जाय और उनसे सन्तान पैदा करनेकी स्वतंत्रता छीन ली जाय, तो कोढ़ न आसपासके लोगोंमें फैल सकता है और न अगली पीढ़ियों तक जा सकता है। किन्तु इस कामको साम्यवाद ही कड़ाईके साथ कर सकता है, यह हम अभी बतलावेगे। कारण ढूँढ़नेपर मालूम होगा कि पैतृक होनेके बाद, कोढके सबसे भारी कारण वेश्यालय हैं। वेश्यालय क्या क़ायम रह सकते हैं, यदि धनका स्वामित्व व्यक्तिसे छीन लिया जाय? एक आदमी वेश्याके पास गुप्त या प्रकट रीतिसे तभी तो जाता है, जब उसे देनेके लिए उसके पास काफी धन होता है। वेश्याको भी वेश्या-वृत्ति करनेके लिए कामुकतासे अधिक धनका लोभ प्रेरक होता है; बल्कि उसे इन कोढ़ और आतशक जैसे जुगुप्सित रोगोंकी जननी बनानेमें तो यही धनका लोभ कारण है, जिससे कि वह सभी प्रकारके बहुतसे पुरुषों-की कामवासनाके तृप्त करनेकेलिए मजबूर होती है। साम्यवादमें न व्यक्तिगत सम्पत्तिका स्थान है, न उसके दुरुपयोगका ही; इस प्रकार वह वेश्यालयोंका परम शत्रु है, और इस तरह उनके द्वारा फैलती कोढ़ आदि बीमारियोका रोकनेका वह सर्वोत्तम उपाय है।

यद्यपि धर्मवाले वेश्यालयोंका विरोध करते हैं, तो भी उनका विरोध

लीपा-पोती मात्र है। उनमेंसे कितने ही तो पूजा-स्थानोंमें वेश्याओंका रखना ज़रूरी समझते हैं, और कितनोंके स्वर्ग वेश्याओं बिना सजाए नही जा सकते। हूरों—अप्सराओं—देवदासियोंकी आवश्यकता मानने-वाले भला कब वेश्याओंका उन्मूलन कर सकते हैं ?

पूँजीवाद और व्यक्तगत सम्पत्ति राष्ट्रके लिए अत्यन्त हानिकर और घृणित इस व्यवसायका कितना पृष्ठपोषण करते हैं, इसके लिए जरा आप अपने देशके राजा महाराजाओं और धनिकोंकी ओर दृष्टि दौड़ाइए। उनके लिए तो खाने-पीनेकी भाँति वेश्याएँ भी जीवनकी एक आवश्यक वस्तु होगई हैं। उनके यहाँ दरबारी वेश्याओंको नियमसे वेतन मिलता है। चाहे दूसरे राज-कर्मचारियोंका वेतन छः-छः महीने तक बाकी पड़ा रहे, किन्तु दरबारकी वेश्याके वेतनमें उतनी सुस्ती नहीं की जा सकती। दरबारसे मिलनेवाला वेतन एक तरहसे उस वेश्याके लिए नहीं, बल्कि सीधा कुष्ठ, आतशकके प्रचारके लिए मिल रहा है।

यह स्पष्ट है कि कुष्ठकी यह भयंकर समस्या जिससे सारी मानव जाति विकृत होती जा रही है, साम्यवाद द्वारा ही हल हो सकती है। धनके उपयोग और सन्तानकी अबाध उत्पत्ति—इन दो बातोंमे व्यक्तियोंको बेरोकटोक स्वतत्रता देना ही जातिमें चिररोगों, राजरोगों और घृणित रोगोंके बढ़ानेका कारण है। आजकल यदि कोई पूँजीवादी सरकार इन रोगोंके रोक-थामकेलिए क़ानून भी बनाती है, तो उसका प्रयोग गरीबोंपर ही हो सकता है। धनी अपने धनके बलपर क़ाफ़ी समय तक बचे रह सकते हैं, या कानूनके पजेमें कभी आते ही नहीं। कुष्ठकी प्रथम अवस्था ही भयकर कीटाणुओंको फैलाती है, लेकिन उस समय रोगके अस्पष्ट, तथा अधिक वीभत्स न होनेसे धनिक कोढ़ी अपनेको क़ानूनके चगुलसे बचा सकते हैं। और बाज वक्त, तो आखिरी समय तक वह बेरोक-टोक सभा-समाज सभी जगह घूमते देखे जाते हैं। हम यह नहीं कहते कि ऐसे व्यक्तिको घृणाका पात्र बनाया जाय, वह हमारी सहानुभूतिका ही सबसे अधिक पात्र नहीं है, बल्कि उसकी यत्रणा और निराशापर्व

जीवनको देखकर, उसको जहाँ तक हो सके सुखी रखना भी समाजका कर्त्तव्य है; किन्तु उसे अपने जैसे हज़ारोंको पैदा करनेका मौका देकर तो हम उसके साथ सच्ची सहानुभूति नहीं प्रदर्शित कर सकते।

कुष्ठके अतिरिक्त संसारमें और भी कितने ही रोग हैं, जिनके दूर करनेका उपाय चाहे हमारे हाथमें अधूरा ही आया हो, किन्तु संतति-निरोध और पृथक्करण द्वारा हम उनके प्रचारको तो बिल्कुल रोक सकते हैं। यक्ष्मा या तपेदिकके रोग हीको ले लीजिए, जोकि घरमें एकको होनेपर सारा घर साफ कर देता देखा गया है। वह भी संसर्ग और सतानके द्वारा फैलता है। वर्त्तमान् प्रणालीमें यह सब जानते, देखते भी हम कुछ नहीं कर सकते, क्योंकि हमारे लिए व्यक्तिगत स्वतन्त्रता हर हालतमें पवित्र चीज़ है। चाहे एक घरमें आग लगनेसे सारा गाँव साफ हो जाय, पर तो भी हम अपने पड़ोसीको घर जलाकर होली खेलनेसे नहीं बाज़ रख सकते।

शारीरिक विकारोंके अतिरिक्त मानसिक विकारोंके सम्बन्धमें डाक्टरोंकी राय है कि वे बहुधा पिता-मातासे आते हैं। वस्तुतः आर्थिक विषमता और पैतृक रोगोंके प्रभावको हटा दिया जाय, तो हमारे कैदखाने खाली हो जायँगे। अपराधियोंमें ९० फीसदी आर्थिक मजबूरीसे चोरी या मार-पीट करते हैं, और बाक़ी १० फीसदीमें प्रायः सभी दिमागी कमज़ोरी या क्षणिक पागलपनके कारण—जो कि दोनों प्रायः मौरूसी चीजें हैं—अपराध करते हैं। आजकल इंगलैण्डकी जैसी कुछ सरकारें ऐसे व्यक्तियोंके लिए सन्तति निरोधका कानून बनाना चाह रही हैं; किन्तु क्या आप आशा रखते हैं कि धनी लोगोंपर उसका प्रयोग ठीकसे हो सकेगा! मानसिक रोगोंसे अधिक ग्रस्त तो प्रायः यही समुदाय देखा जाता है।

पशुओंकी बेहतर संतान पैदा करनेके लिए पिछली एक शताब्दीमें बहुत प्रयत्न किया गया है। स्वस्थ, बलिष्ट जोड़ोंके चुनावसे वैज्ञानिक लोग अच्छी जातिकी गायें, घोड़े और दूसरे जानवरोंको पैदा करने में

सफल हुए हैं। उनका यह प्रयोग तो ऐसी अवस्थाको पहुँच गया है कि वे पैदा होनेवाले बछड़ेके रंग आदिके बारेमें पहलेसे ही दृढ़ताके साथ कह सकते हैं। लेकिन इसी पिछली शताब्दीमें मनुष्य जातिकी क्या दशा हुई? उसकी तो शारीरिक, मानसिक अवस्था दिनपर दिन बिगड़ती जा रही है, यह बात स्पष्ट हो जायगी, यदि आप स्वास्थ्य तथा अपराध सम्बन्धी रिपोर्टोंको पढ़े।

लेकिन इसके संबन्धमें कुछ थोड़ेसे चिकित्सालयों और क़ैदखानोंकी संख्या कुछ और बढ़ा देनेके अतिरिक्त उन्होंने क्या किया? इनसे रोगका असली कारण थोड़े ही दूर हो सकता है? मनुष्यके लिए सबसे आवश्यक तो है, बेहतर संतानका पैदा करना; और उसके लिए बिना रुकावटके प्रयोग करना। किन्तु आजके समाजके नेता पूँजीवादी और उनके क्रीतदास तथा धर्मके ठेकेदार प्रयोग क्या कभी इनपर स्वतन्त्रता-पूर्वक विचार भी करने देंगे? वे तो इसे यही कहकर टाल देना चाहते हैं—"यह सब ईश्वरका काम है। स्त्री-पुरुषका सम्बन्ध धर्मका एक अंग है, उसमें किसीको दखल देनेका हक नहीं। मनुष्य पशु नहीं है; जो उसके सन्तान-उत्पादनको प्रयोगका विषय बनाया जाय। स्त्री-पुरुषके इस कोमल सम्बन्धको इस प्रकार नंगाकर देनेपर लज्जा और शरमका स्थान कहाँ रह जायेगा?" इन शब्दों तक ही वे चुप रहनेवाले नहीं हैं, वे तो उसके विरोधमें अपनी सारी शक्ति लगा देनेवाले हैं। लेकिन उनके इस अन्धे बर्ताव से क्या परिस्थितिकी भयंकरता कुछ कम हो जायेगी? भयंकरता तो दिनपर दिन बढ़ती ही जा रही है, और तब तक बढ़ती जायेगी, जब तक कि उसके प्रतीकारके लिए मानवसमाज स्वयं कमर कसकर तैयार न हो जायेगा अच्छी तरह समझ न लेगा कि स्त्री-पुरुषके संयोगमें दो बातें हैं—एक कामकी तृप्ति, दूसरे संतानकी उत्पत्ति। पहली बातको आप खुशीसे निजी काम बना ले; लेकिन दूसरी बात सारे मनुष्य-समाज—मौजूदा और आनेवाले दोनों—से सम्बन्ध रखती है; उसे निजी काम नहीं बनाया जा सकता वैसे ही जैसे कि चोरी

और मार-पीटको निजी काम नहीं बनाया जा सकता। और आज-कल विज्ञानने तो ऐसे उपाय बतला दिये हैं, जिससे इन्द्रिय-तृप्तिकी योग्यताको रखते हुए सन्तान-उत्पादनकी योग्यता दूर की जा सकती है। शरीर-मनकी निर्बलतायुक्त ही सन्तान पैदा कर सकनेवाले व्यक्ति सन्तान-उत्पत्तिके लिए जिद् करनेका क्या अधिकार रखते हैं? और ऐसे ज़िद्को समाज क्यों माने? यदि उस ज़िद्के कारणपर भी आप विचार करें, तो उसके पीछे माता-पिताका मतलब है—बीमारी और बुढ़ापेके लिए सहारा ढूँढ़ना और अपनी सम्पत्तिका उत्तराधिकारी छोड़ना। साम्यवादमें बुढ़ापे और बीमारीमें भरण-पोषण की जिम्मेवारी राष्ट्र लेता है, और व्यक्तिगत सम्पत्तिका वहाँ स्थान ही नहीं है; इसलिए वहाँ सन्तान-उत्पत्तिके दुराग्रहके ये दो प्रधान कारण ही असम्भव हैं।

(७)

साम्यवाद तथा धर्म और ईश्वर*

धर्म या मज़हबका असली रूप क्या है ? मनुष्य-जातिके शैशवकी मानसिक दुर्बलताओं और उससे उत्पन्न मिथ्या विश्वासोका समूह ही धर्म है। यदि उसमें और भी कुछ है, तो वह है पुरोहितों और सत्ताधारियोके धोखे-फरेब, जिनसे वह अपनी भेड़ोंको अपने गल्ले से बाहर जाने देना नही चाहते। मनुष्यके मानसिक विकासके साथ-साथ यद्यपि कितने ही अंशोमे धर्मने भी परिवर्त्तन किया है, कितने ही नाम भी उसने बदले हैं, तो भी उनसे उसके आन्तरिक रूपमे परिवर्त्तन नहीं हुआ है। वह आज भी वैसा ही हज़ारों मूढ़ विश्वासोंका पोषक और मनुष्यकी मानसिक दासताओका समर्थक है, जैसा कि पाँच हजार वर्ष पूर्व था। सूत्र वही हैं, सिर्फ भाष्य बदलते गये हैं। वही भूत-प्रेत, ओझा-गुणी हैं, जिनको देखकर शिक्षित-वर्ग नाक-भौं सिकोड़ता है—कुछ गौड़ोंकी बात छोड़ दीजिए, वैसे क़दरदान शिक्षितोंमे आजकल दुर्लभ हैं—लेकिन उन्ही बातोको यदि नये रूपमे थ्योसोफीकेसे लच्छेदार शब्दों तथा साइंसकी पुटके साथ जब पेश किया जाता है, तो बड़े-बड़े दिमाग़वाले, अक़्ल बेच खानेके लिए तैयार हो जाते हैं। यदि आप मज़हबोंके इतिहास, उनके भूत और वर्त्तमान् नेताओं की जीवनियोंको ध्यानपूर्वक नजदीकसे पढ़ें, तो मालूम होगा, कि मजहबमें पहिले नम्बर पर पक्के धूर्त या पागल ही पहुँच सकते हैं। भारतमें ऐसे सिद्ध और पहुँचे हुए महापुरुष बहुतसे हैं और हुए हैं, जिनके आचरणको भीतरसे

*ज्यादा जाननेके लिए पढ़िए मेरा "वैज्ञानिक भौतिकवाद" पृष्ठ १२१-४, १६०-७५

देखनेपर वह रस्-पुटिनके छोटे-बड़े संस्करण सिद्ध होंगे। एक पवित्र नगरमें कुछ समय पूर्व एक परमत्यागी महात्मा रहते थे। उनके जीतेजी ही लोग उन्हें सिद्ध जीवन्मुक्त मानकर पूजा करते थे, पीछेकी तो बात ही क्या ? स्थानीय जानकर लोग उनकी रखेलीके दो पुत्रोंकी ओर अँगुली उठाकर कहते थे—महात्माका कितना ही चढ़ावा अपनी इन सन्तानोंको धनी बनाने में लगा। एक दूसरे पवित्र नगरके एक सिद्ध महात्मा थे जिनके मरे बहुत समय नहीं गुजरा है और जिन्हें उनके भक्त भगवान्‌के अवतार समझते थे। बाहरके कितने ही अन्धे भक्त उनकी विचित्र रहन-सहन, वेष-भूषा, आकार-प्रकारसे प्रभावित हो गद्‌गद् हो जाते थे। लेकिन इन सिद्धका भीतरी जीवन कैसा था ? पहिले वह जिस स्थानमें रहते थे, वहाँ एक नौकरानीके साथ उनके अनुचित सम्बन्धको देख लोग मार-पीट करनेके लिए उतारू हो गये, जिसके मारे वह भागकर अपने ही जैसे एक दूसरे सिद्ध पुरुषके स्थानमें चले गये। व्यक्तिगत अनुभवसे ऐसे पचासो उदाहरण बतलाये जा सकते हैं। इन उदाहरणोंको देखकर मनुष्यकी बुद्धिपर तरस आता है, उन धूर्तोंके लिए तो नहीं, उनका तो मत ही है—'रोटी खाइये घी शक्करसे, दुनिया ठगिये मक्कर से।' यदि किन्हीं सिद्धोंमें इस धोखा-धड़ीसे कुछ अधिक है, तो वह है, हेप्नाटिज्म या त्राटककी कुछ मानसिक शक्तियाँ, जिनके बलपर वह और उनके अनुयायी हजारों झूठोंका प्रचार करते हैं, और भरसक यह भी कोशिश करते हैं, कि विद्वान् उनका वैज्ञानिक विश्लेषण न कर सके।

धर्म और ईश्वरका प्रायः अटूट सम्बन्ध है। अच्छा तो ईश्वर क्या है ?—यह भी मनुष्यके शैशव-कालके भयभीत अन्तःकरणकी सृष्टिका एक विकसित रूप है। मनुष्य वन्य-अवस्था में—जबकि उसकी बुद्धिका विकास साधारण बच्चेके ही समान था—अँधेरे, अपरिचित स्थान और वस्तुसे भय खाता था। बिजली, आग जैसे शक्तिशाली पदार्थ तो उसके लिए और भी भयका कारण होते थे, और उसने उनमें

देवताओंकी कल्पना की। उसके अपने समयके बली और वीर पुरुष भी मरकर धीरे-धीरे इस देव मण्डलीमें शामिल होते गये। हर एक जातिमें ऐसे अनेक देव समुदाय थे, जिनके कि प्रभाव और बडप्पनके लिए उनकी आपसमें प्रतिद्विन्द्विता रहती थी। स्वय अपनी जातिके भीतरके देवताओमे भी बड़े-छोटे का ख्याल था। पीछे मानवसमाजके सामन्तों और महासामन्तों को देख "कौन बडा" "कौन बडा" की तलाशने "ससारके निर्माता" एक ईश्वरकी सृष्टि की, और मानसिक विकासके साथ-साथ उसे कितने ही और भी उत्तम गुण प्रदान किये गये। यह हुई ईश्वरकी उत्पत्ति। वस्तुतः ईश्वर मनुष्यका मानस पुत्र है।

हम इससे इन्कार नहीं करते कि ईश्वरका अस्तित्व—चाहे कल्पना ही के ससारमें हो, तो भी अतीतकालमे इस विचारके कितने ही लोगोंको सन्तोष और सहारा मिला होगा। लेकिन साथ ही उसके कारण मनुष्यको यातनाएँ भी लाखों सहनी पड़ीं। एक ईश्वर माननेवाले धर्मोकी अपेक्षा अनेक देवता माननेवाले धर्म हजार गुना उदार रहे हैं। उनके ईश्वरों-की संख्या अपरिमित होनेसे वहाँ औरोंका भी समावेश आसानीसे हो सकता था। किन्तु एक-ईश्वरवादी वैसा करके अपने अकेले ईश्वरकी हस्तीको खतरे में नहीं डाल सकते थे। आप दुनिया के एक ईश्वरवादी धर्मोके पिछले दो हजार वर्षके इतिहास को उठाकर देख डालिए, मालूम होगा, कि वह सभ्यता, कला, विद्या, विचार-स्वातन्त्र्य और स्वयं मनुष्यके प्राणोंके भी सबसे बड़े शत्रु थे। उन्होंने हजारों बडे-बड़े पुस्तकालय और करोडों पुस्तके आगमे डाल दी। सौन्दर्य और कोमल भावोंके साकार रूप, कितने ही कलाकारोकी सुन्दर मूर्त्तियो, चित्रों और इमारतोंको नष्ट कर दिया। हजारो विद्या-व्यसनियों और विद्वानोंके जीवनको समाप्तकर, स्वतन्त्र विचारोंका गला घोंटा। मनुष्यकी मानसिक प्रगतिको कमसे कम एक हजार वर्ष तकके लिए उन्होंने रोक ही नहीं रक्खा, बल्कि पहिलेकी प्राप्त सफलताओंके प्रभावको बहुत-कुछ नष्ट कर डाला। और करोड़ो निर्दोष नर-नारियों और बच्चोंकी

हत्या? यह तो उनके अपने धर्म-प्रचार का एक प्रधान साधन थी। यह जिस-जिस देशमें गये, आग और तलवार लेकर गये। पहले तो इनके फन्देमें फँसी जातियाँ अफीमके नशेमें थीं, उन्हें इसका ख्याल ही न हो रहा था, कि उनकी संस्कृति चिरसञ्चित जातीय निधि नष्ट की जा रही है। पीछे जब नशा टूटा, तो देखा कि पूर्वजोंकी सभी उत्तम कृतियाँ नष्ट कर दी गईं। जर्मन-जातिमें ईसाइयोंका एक-ईश्वरवाद तलवारके बल ही फैलाया गया। उस समय पुराने धर्मके साथ-साथ जर्मन जातिका व्यक्तित्व भी मिटा देना आवश्यक समझा गया। उनकी लिपिको धत्ता बताया गया। उनके साहित्यको खोज-खोजकर जलाया गया। उनके मन्दिरोंको ही बर्बाद नहीं किया गया, बल्कि यह सोचकर कि कहीं ये लोग अपने ओक-वृक्षोंकी पूजा करके धर्म-भ्रष्ट न हो जायें लाखों विशाल ओक-वृक्ष काट डाले गये। एक-ईश्वरवादियोंके ऐसे कारनामे एसियाके ही नहीं, अमेरिकाकी माया और अजेतक जैसी सभ्यताओंके संहारके कारण हुए। अपने नामपर सैकड़ों वर्षों तक इस प्रकारके भयंकर अत्याचार करते, ख़ूनकी नदी बहाते देख भी, यदि ईश्वर रोकनेके लिए नहीं आया, तो इससे बढ़कर उसके न होने का और दूसरा प्रमाण क्या चाहिए?

कहा जा सकता है, अब धर्म और ईश्वर उतने ख़तरनाक चीज़ नहीं हैं, किन्तु बात क्या वैसी है? क्या धर्मके विषवाले दाँत तोड़ दिये गये? कम-से-कम भारत तो इस समय भी इसके मारे परेशान है। बराबर धर्मान्ध लोग खून-खराबी करते ही जा रहे हैं। आप कहेंगे— यह धर्मका दोष नहीं, यह तो प्रभुता और धनके लिए हो रहा है। यह बिल्कुल ठीक है। एक-ईश्वरवादियोंके बड़े-बड़े युद्धके भीतर भी प्रभुता और धनका लोभ ही काम कर रहा था। प्रभुता और धनके लोभकी मसलन, यह उपज है भी; तो भी साधारण जनताके सामने उन्हें बड़े सुन्दर और मोहक रूप में रखा जाता है। चाहे आप कितना ही परिष्कृत करना चाहें, शुद्ध-से-शुद्ध बना दें, धर्म पुरानेका पूजक और भविष्यको

प्रगतिका विरोधी रहेगा ही। वह तो श्रद्धा और भक्तिके नामपर हमारे गलेमे मुर्दा बॉधनेका ही प्रयत्न करेगा। यह ससार जो प्रतिक्षण परिवर्तित हो रहा है, और परिवर्त्तन भी ऐसा कि इसका अतीत हमेशा अतीत ही रहेगा, वर्त्तमानका रूप नही धारण कर सकेगा। ऐसी स्थिति होनेपर स्थिरतावादी धर्म हमारे कभी सहायक नहीं हो सकते। जगत की गतिके साथ हमें भी सर्पट दौड़ना चाहिए, किन्तु धर्म हमें खीचकर पीछे रखना चाहते हैं। क्या हमारे पिछडनेसे संसार-चक्र हमारी प्रतीक्षाके लिए खडा हो जायेगा ? सामाजिक विषमता के नाश, निकम्मी और अनपेक्षित सन्तानके निरोध, आर्थिक समस्याओंके नये हल—सभी बातोंमें तो यह मजहब प्राणपनसे हमारा विरोध करते हैं, हमारी समस्याओंको और अधिक उलझाना और प्रगति-विरोधियोंका साथ देना ही एकमात्र इनका कर्त्तव्य रह गया है।

आप कहेगे—आप पिछली सदीकी बात कर रहे हैं, जबकि बड़े-बड़े वैज्ञानिक प्रायः अधार्मिक होते थे, अब तो कितने ही चोटीके वैज्ञानिक* सीधे रास्तेपर आ रहे हैं, और ईश्वर तथा धर्मके पोषक बन रहे हैं। हॉ, यदि भीतरी रहस्य न जानकर नामपर जायेंगे, तो आपको जरूर ऐसा भ्रम होगा, किन्तु विज्ञान वेचारेका इसमें कोई दोष नहीं। आजकल तो सारा ससार, बिना अपवाद के दो पक्षों में बँट गया है—एक ओर वे लोग हैं जो, व्यक्तियोंके आर्थिक स्वार्थोंको अक्षुण्ण रखना चाहते हैं, अर्थात् जो जाने या आजाने प्रकट या अप्रकट रूपसे पूँजी-वादके पोषक हैं, दूसरी ओर वे हैं, जो समाजका कल्याण चाहते हैं, और उसके लिए साम्यवादका समर्थन करते है। पिछली सदीमें भी ऐसे वैज्ञानिक रहे होगे, जिन्हें व्यक्तिके आर्थिक स्वार्थोंको अक्षुण्ण रखना अभीष्ट था, किन्तु तो भी वह धर्मके विरुद्ध अपनी स्पष्ट सम्मति दे

*इस तरहके चोटीके वैज्ञानिकोंके बारेमें पढ़िए "वैज्ञानिक भौतिकवाद" पृष्ठ १७५-८०

सकते थे। कारण ! उस समय साम्यवाद हवाकी बात थी। उसकी सफलताका उन्हें विश्वास न था। किन्तु, अब साम्यवाद भूमिकी ठोस चीज है। अब वह विकृत मस्तिष्कोंकी बल-बलाहट नहीं रह गया। इसीलिए पूँजीवादी जहाँ साम्यवादके खिलाफ दूसरे तरह-तरहके षड्यंत्र रच रहे हैं, वहाँ भय और प्रलोभन द्वारा कितने ही ढिलमिल-यक़ीन वैज्ञानिकोंसे भी अपने पक्षमे सम्मति लेते हैं। लेखकके इग्लैंडमें रहते समय एक प्रामाणिक पुरुषने नोबुल-पुरस्कारप्राप्त एक वैज्ञानिकके बारेमे कहा था—"जानते हैं, अमुक सज्जन धर्म और मिथ्या-विश्वासके प्रचार-में इतनी सरगर्मी क्यों दिखाते हैं ? इनका वैज्ञानिक दिमाग खत्म हो चुका है। जिस विश्वविद्यालयमे यह अध्यापक हैं, वह एक प्रकारसे अमुक करोड़पतिके परिवारकी निजी चीज-सी है, और यह वैज्ञानिक महा-शय किसी रूपमे कृतज्ञता प्रकट करना अपना कर्त्तव्य समझते हैं।" हम नहीं कहते कि धर्मका पक्ष लेनेवाले सभी वैज्ञानिक इसी श्रेणीके हैं। कितने तो स्वय पूँजीपति हैं, इसलिए वह पूँजीवादकी रक्षाके महान् अस्त्र—धर्मका पक्ष ग्रहण करना चाहते हैं। कितने ही, श्रमजीवियों के जीवनकी कठिनाइयोंको जानते हैं, और उस श्रेणीमे सम्मिलित होनेसे डरते हैं। और, कुछ, उस आयुको पहुँच गये हैं, जब अतीतकी अत्यन्त आसक्ति मनको नए विचारके ग्रहण करनेमे असमर्थ कर देती है। मनुष्यकी आयुके पहिले चालीस-पैंतालीस वर्ष ही ऐसे हैं, जबकि वह स्वच्छन्दतापूर्वक चिन्तन और विचार-विनिमय कर सकता है; पीछे गोधूलीके धुँधलेपनमे उसे अतीतकी स्मृतिके सहारे पुरानी बातें ही दिखलाई देती हैं। संसारमे इस नियमके अपवाद बहुत ही कम होते हैं।

इस प्रकार सारी दुनियाके विचार पक्ष और विपक्षमें बँटे हुए हैं; ऐसी अवस्थामें किसीकी सम्मतिको पकड़कर चलना उचित नहीं है। आपको अपनी बुद्धि स्वतंत्र रखनी होगी, और उसीको अन्तिम निर्णायक मानना होगा।

ईश्वरकी उत्पत्तिके बारेमें हम कह आये हैं। यहाँ उसके अस्तित्वके बारेमें हम नीरस बहस* करना नही चाहते, किन्तु यह जरूर कह देना चाहते हैं, कि ईश्वरका मानना इस बातको भी माननेके लिए प्रेरित करता है, कि ससारके मालिक उस ईश्वरकी भाँति यहाँ भी एक राजा या कर्त्ता-धर्ता होना चाहिए। सहस्राब्दियों तक राजा लोग ईश्वरके प्रतिनिधिके रूपमें शासन भी करते रहे हैं। साम्यवाद सारी शक्तियोंका जनतामें उसी प्रकार समावेश चाहता है, जिस तरह वह ससारकी सारी शक्तियोंको किसी ख्याली ईश्वरके हाथमे न मान प्रकृतिमे समाविष्ट समझता है। ईश्वरका विचार हमारे सभी कामोमे कठिनाई पैदा करता है। ईश्वरका ख्याल ही यह सिखलाता है, कि हम अपने मालिक नहीं। कितने ही धर्म इसलिए सन्तान-निरोधके विरोधी हे कि मनुष्यको ईश्वरके काममे दखल देनेका अधिकार नही है। यदि जनसख्या कम करना उसे मजूर होगा, तो वह उसके लिए बडा काम नही है। पिछले वर्ष हम कश्मीर-राज्यके बाल्तिस्तान प्रदेशमे थे। वह तृण-वनस्पति-शून्य पहाड़ी स्थान है। वहाँ इच्छानुसार पानीकी नहरों और खेतोंके बनानेका सुभीता भी उतना नही है। हम लोग जाते वक्त रास्तेके एक गाँवमे ठहरे थे। गाँव वालोंकी गरीबी वर्णनातीत थी। पूछनेपर मालूम हुआ, आधी सदी पहिले इस गाँवमे सिर्फ पाँच घर थे, और अब बीस हैं। ये लोग कुछ शताब्दियो पूर्व बौद्ध थे। और अपने धर्म-भाई तिब्बतवासियोकी भाँति बहुपतित्वके माननेवाले थे। तिब्बतमे सभी भाइयोंकी एक स्त्री होनेका कारण था, जनवृद्धिकी भीषणताका रोकना, किन्तु, जब यह लोग मुसलमान हो गये तब खुदाके भरोसेपर लगे बच्चे-पर बच्चे पैदा करने। हमारे जर्मन मित्रने उनसे पूछा—जब तुम्हारे यहाँ खेतोंकी इतनी कठिनाई है, और जीवन-निर्वाह बहुत ही मुश्किल है तो क्यों इतने बच्चे पैदा करते हो? उत्तर मिला—जो बच्चोंको

---

*इसके लिए देखिए "वैज्ञानिक भौतिकवाद' पृष्ठ १४१-५४, १६८-७२

देता है। (अर्थात् खुदा), क्या वह उनको नही सँभालेगा ? हमारे मित्रने कहा—हॉ, वह न सँभालेगा, तो हैज़ा-चेचक, भूख-अकाल तो ज़रूर सँभाल लेगे। ल्हासामे एक मुसलमान सज्जनने अपना विश्वास इस प्रकार प्रकट किया—हमारे धर्मके अनुसार, यदि माँ-बापको काफी सन्ताने हो जायें, तो उनके लिए हज करना आवश्यक नहीं रह जाता। हिन्दू भी तो "अपुत्रस्य गतिर्नास्ति" कहते हैं।

इस प्रकार आप जितना ही सोचेगे, मालूम होगा, ईश्वरका ख्याल हमारी सभी प्रकारकी प्रगतियोंका बाधक है। मानसिक दासताकी वह सबसे जबर्दस्त वेड़ी है। शोषकोंका वह ज़बर्दस्त अस्त्र है, क्योंकि उसके सहारे वह कहते हैं—'धनी ग़रीब उसीके बनाये हुए हैं, 'वह जो करता है, सब ठीक करता है,' 'उसकी मर्जीपर अपनेको छोड़ दो,' क्या जानें इन चन्द वर्षोंके कष्टके लिए मरनेके बाद उसने क्या-क्या आनन्द आपके लिए तैयार कर रक्खे हैं?' 'वह यंत्रचालक की भाँति सभी प्राणियोंको चला रहा है', 'मनुष्य उसके हाथकी कठपुतली है।' ये ख्याल क्या हमें अपने भविष्यका मालिक बनने देगे?

आप यह तर्क नहीं बघाड़ सकते—यदि ईश्वर नहीं, तो संसारको बनाता कौन है? क्या हरएक चीज़के लिए बनानेवाला बहुत ज़रूरी है? यदि है, तो ईश्वर का बनानेवाला कौन है? यदि वह स्वयंभू है, तो वही बात प्रकृतिके बारेमें भी क्यो नहीं मान लेते?

आपको ध्यान रखना चाहिए, कि ईश्वर पूँजीवादियोंके बड़े कामकी चीज है। यदि ईश्वरका ख्याल पहिलेसे न होता तो आज वह उसका आविष्कार करते। यही वजह है, जोकि थके दिमागवाले, शोषकोंके पोषक कितने ही वैज्ञानिक* धर्म, और ईश्वरके समर्थक देखे जाते हैं।

यदि भारतकी दृष्टिसे देखा जाये, तब तो जब तक धर्म है, तब तक उसे शान्ति और स्वतन्त्रताका स्वप्न छोड़ देना चाहिए।

---

*"वैज्ञानिक भौतिकवाद" पृष्ठ १७५-८०

साम्यवाद और स्त्रियोंकी परतंत्रता*

वैसे तो अधिकाश पुरुष भी प्राचीन कालसे अबतक पराधीनताका ही जीवन बिताते आरहे हैं, किन्तु स्त्रियोंकी अवस्था तो इस विषयमें और भी बुरी रही है। ढोल, गँवार, शूद्र, पशु, नारी। ये सब ताड़नके अधिकारी—एक सर्वमान्य कहावत बन गई है। "स्त्री स्वतंत्रताके योग्य नहीं" (पिता रक्षति कौमारे भर्त्ता रक्षति यौवने। पुत्रो रक्षति वार्धक्ये न स्त्री स्वातंत्र्यमर्हति)से मानो उसे दासताका पट्टा मिल गया है। यूरोपके ईसाई पुरोहित तो कुछ शताब्दियों पूर्व तक, "स्त्रीमें आत्मा नहीं है" इस बातपर गंभीरतापूर्वक व्यवस्था दिया करते थे। हिन्दुओंने स्त्रीको पतिकी अर्धाङ्गिनी माना है,* और पतिके मरनेपर उसका आधा अग पत्नी भी मर ही जाती है, इसीको साबित करनेके लिए अभी पिछली शताब्दी तक हर साल भारतमें हजारों विधवाएँ पतिकी लाशके साथ बला दी जाती थीं। किन्तु, उसी अर्धाङ्गके नियमको पतिके लिए कभी स्वीकार नहीं किया गया! असलमें तो सभी देशोंमें पुरुषोंके लिए स्त्रियोंसे भिन्न कानून और व्यवस्थाएँ रही हैं। हिन्दुओंका पतिव्रत-धर्मका गला फाड़-फाड़कर, मौके-बे-मौके उपदेश, ढोंग और वंचनाकी पराकाष्ठाका भारी उदाहरण है।

हजारों वर्षोंसे स्त्रियोंके विरुद्ध पक्षपातका एक भारी वायु-मंडल तैयार कर दिया गया है। धर्म-आचार-समाज सम्बन्धी बातोंमें उनके लिए पुरुषोंसे बिल्कुल ही अलग कसौटी बनाई गई है। ठीक न सोच सकने तथा मतिभ्रम पैदा करनेके लिए लडकपनसे कान भर-भरकर

---

*विस्तारके लिए देखिए "मानव समाज" पृष्ठ २०६-१६

उनमें सबसे अधिक धार्मिक कट्टरता पैदा कर दी गई है; और अभी हाल तक, और किन्हीं-किन्हीं मुल्कोंमें तो आज तक उन्हें विद्यासे भी वञ्चित कर रक्खा गया है। पर्दा जैसी असहनीय रस्में उनके लिए खास तौरसे गढ़ी गईं, तथा धर्मोंने अपने मान्य ग्रन्थों द्वारा ईश्वरीय आदेश ठहराकर उन्हें पुष्ट किया। सबसे भारी गुलामीकी जंजीर जो उनके पैरोंमें डाल दी गई है, वह है उनकी आर्थिक परतंत्रता।

पश्चिममें भी स्त्रियोंकी स्वतत्रताका आन्दोलन अभी पिछली शताब्दीसे है। और भारतमें तो उसका अभी-अभी आरम्भ हो रहा है। तो भी जिस प्रकारसे लोग स्त्रियोंको स्वतंत्रता दिलाना चाहते हैं, क्या उससे स्त्रियाँ स्वतंत्र हो सकती हैं? "स्वतंत्रता" "स्वतंत्रता" चिल्लाना बनावट और एक व्यर्थकी बातसे बढ़कर नहीं है; जबतक कि वह आर्थिक तौरसे स्वतंत्र नहीं; जबतक कि विवाह उनके लिए जीवन-निर्वाहका एक पेशा बना हुआ है। आर्थिक स्वतंत्रतासे मतलब है, स्त्री अपनी जीविकाके लिए किसी दूसरेकी मुहताज न हो। भारतमें तो सामाजिक पक्षपात और अत्याचारने इच्छा रहते और अवसर मिलनेपर भी वैसा करनेकी स्वतंत्रता नहीं रहने दी है। पाश्चात्य देशोंमें भी वह उतनी आज़ाद नहीं हैं। फ़ासिस्त जर्मनीने तो कानून बनाकर विवाहिता स्त्रीको नौकरी करनेसे रोक दिया है। उसके ख्यालसे विवाहका पेशा तो उसे मिल गया ही है, फिर वह दो-दो पेशा कैसे हथिया सकती है?

यदि स्त्रियाँ अपनी रोज़ी आप कमाने लगें; भोजन, वस्त्र, मकान, सैर-तफ़रीहके लिए उन्हें पुरुषोंके सामने हाथ न पसारना पड़े प्रसव-काल बीमारी और बुढ़ापेमें उन्हें पति और पुत्रोंके ही भरोसेपर न रहना पड़े; तभी वह वस्तुतः स्वतंत्र हो सकती हैं। किन्तु, क्या पूँजीवादमें यह सब सभव है? इसमें शक नहीं पूँजीपति अपने कारखानोंमें स्त्रियोंको जगह देते हैं। वह यह भी गर्व कर सकते हैं—हम लोग प्राचीनकालके पक्षपातको हटाकर स्त्रियोंको अपनी रोज़ी कमानेका स्वतंत्र अवसर देना चाहते हैं। किन्तु यह उनकी एक चाल मात्र है। वह कारखानोंमें

स्त्रियों और बच्चोको काम इसलिए देते हैं, कि ऐसा करनेसे उन्हें मजदूरी कम देनी पड़ेगी। उसी कामके लिए यूरोपमें यदि पुरुषको तीन रुपये रोज़ मजदूरी मिलती है, तो स्त्री डेढ ही रुपयेमे मिल जाती है। इस प्रकार स्त्रियोंकी भर्तीसे हजारों पुरुष बेकार बना दिये जाते हैं। हम पहले कह आये हैं, कैसे पूँजीवादियों का स्वार्थ करोड़ो आदमियोंके बेकार करनेका कारण बन रहा है। कुछ स्त्रियोंको कामपर लगानेसे उनका मतलब यही है, कि वह मजदूरोके श्रमका और अधिक भाग आसानीसे लूट सकें।

स्त्रियोंकी स्वतन्त्रता साम्यवाद ही द्वारा प्राप्त हो सकती है, क्योंकि साम्यवाद जीवनके सभी क्षेत्रोंमें उन्हें बराबरका स्थान ही नहीं दिलाना चाहता, बल्कि उन्हे आर्थिक तौरसे भी स्वतन्त्र देखना चाहता है। वह हर एक स्त्रीको अपनी रोज़ी आप कमानेका समर्थक है, और इस प्रकार उसे पुरुषके समकक्ष होनेका अवसर देता है। साम्यवाद यन्त्रोंका सहारा नफेके लिए नहीं करता बल्कि मनुष्योंके जीवनकी उपयोगी वस्तुओंको जल्दी और पूर्णरूपेण मुहय्या करने, तथा सास्कृतिक कार्य तथा जीवनका सुख लेनेके लिए अधिक अवकाश देनेके लिए करता है, वह कलों-कारखानों, दफ़्तरों, सेनाओं सभी जगह स्त्रियोंका अवाध्य प्रवेश इसलिए नहीं चाहता, कि उनके श्रमको लूटा जाये, या पुरुषोंको वेकार बनाया जाय। वह तो इस कामको सिर्फ स्त्री-जातिकी पूर्ण स्वतन्त्रता और विकासकेलिए करता है। साम्यवादी देश (आज भी जब कि आदर्श तक पहुँचनेमें बहुत चलना है) इस बातके जीवित उदाहरण हैं। वहाँ स्त्रियोंको पुरुषोंके समान काम करने तथा वेतन पानेका अवसर दिया गया है। प्रसवके पूर्व और पीछेकी दुर्बलावस्थामें तीन महीनेके अवकाशके साथ उन्हें पूरा वेतन मिलता है। इसी प्रकार बीमारी और असमर्थताके समय भी राष्ट्र उनके भरणपोषणका भार अपने ऊपर लेता है। यह काम पूँजीवादके बूतेके बाहरका ही नहीं है, बल्कि यह तो थोड़े ही समयमें उसका दीवाला निकाल सकता है। सबको काम

और काम न कर सकनेपर भी पूरा वेतन— [illegible] दिमागमें मूर्छा आये बिना नही रहेगी।

कितने लोग कह उठते हैं—"इस प्रकारकी आर्थिक स्वतन्त्रता यदि स्त्रियोंको मिल जाये, तो पारिवारिक सुख ससारसे उठ जायेगा। पति-पत्नीका मधुर सम्बन्ध नही रह जायेगा। माता-पिता और सन्तानका वह पवित्र पैतृकस्नेह अतीतकी बात हो जायेगी। स्त्री-पुरुषके सदाचारमे भयकर क्रान्ति हो जायेगी, और मानव-जीवन पशु-जीवनमे परिणत हो जायेगा।"

यह सब बातें वही कहते हैं, जिनके लिए स्त्रीका व्यक्तित्व कोई चीज़ नही। बल्कि जो इन आडंबरपूर्ण सारहीन बातोंके लिए, अथवा पुरुषोंकी सीमातिक्रान्त करनेवाली स्वतन्त्रताके लिए बकरेकी भाँति स्त्रियोंकी बलि देना अपना कर्त्तव्य समझते हैं; अथवा संसारके "सदाचारियों" की भीतरी गन्दगीपर जान-बूझकर आँख मूँदना चाहते हैं। साम्यवादी "मानव-जीवन" और "पशु-जीवन" के शब्दोंसे डर जानेवाले नहीं हैं, क्योंकि वह जानते हैं, कि पशु-जीवन जितना पूँजीवादमें है, उसका शताश भी साम्यवादमे संभव नहीं। धनके बलपर क्या धनी लोग संसारमें रोज लाखों स्त्रियोंको अपनी काम-वासनाकी तृप्तिके लिए मजबूर नही कर रहे हैं? क्या धर्मधुरंधर, सदाचारका ढिंढोरा पीटनेवाले राजा-महाराजाओं, बादशाहों, नवाबोंके रनिवास और हरम उस पशु-जीवनके सबसे बड़े अड्डे नही हैं! "सदाचार" की ढोल पीटनेवालोका अपने उस सदाचारकी—जिसकी भीतरी गंदगी उस गहरे रोमाञ्चकारी सण्डास-सी है, जिसका मुँह भर एक पतली सफेद चादरसे ढँक दिया गया हो—डींग मारना निर्लज्जताकी पराकाष्ठा है। उनके इस ढोंगको इनकार करनेसे नकटे पंथमे शामिल लोग, या खरीदे दास ही हिचकिचायेंगे। साम्यवादी जरूर चाहते हैं कि स्त्री-पुरुष, क्या सारी दुनिया एक दूसरेको धोखा न दे, वञ्चना और प्रतिज्ञा-भंग न करे। किन्तु वह यह भी जानते हैं, कि प्रेम एक पक्षको पंगु बनाकर, या रुपयोंसे खरीदकर, या किसी

एक पक्षकी इच्छाके विरुद्ध समाज या व्यक्तिका भय दिखलाकर, नहीं कायम किया जा सकता। वास्तविक प्रेमका स्थान साम्यवादहीमें है, क्योंकि वहाँ प्रलोभन और बलात्कारकी गुञ्जाइश नही है।

इस प्रकार स्त्रियोंकी स्वतन्त्रता साम्यवाद हीमें सम्भव है, क्योंकि वह उन्हें सभी स्वतंत्रताओंकी जननी, आर्थिक स्वतंत्रता, प्रदान करता है। वह इस स्वतन्त्रताके बाधक धर्म, ईश्वर, समाज किसीके डरकी पर्वा नहीं करता। वह विवाहको स्त्रियोके लिए जीवन-निर्वाहका पेशा नहीं बनने देता। वह समझता है कि स्त्रियाँ पुरुषोंसे कम योग्यता नहीं रखतीं। वह "सच्ची माता" "स्त्रियोका पवित्र कर्त्तव्य" "पतिव्रत-धर्म"—स्त्रियोंके लिए इन अत्यन्त घातक शब्दोंके फेरमें नही पड़ता।

साम्यवाद और मुसोलिनी तथा हिटलरके ढंग

यन्त्रोंके कारण उपस्थित हुई मनुष्यकी वर्त्तमान् समस्याओंपर हम पहिले विचार कर चुके हैं, और यह बतला चुके हैं, कि उनका हल साम्यवाद है। पूँजीवाद अब तक साम्यवादको एक काल्पनिक स्वप्न समझता था, इसलिए उसे वह हँसीकी बात समझता रहा, और उसने उसकी ओर गंभीरतासे ध्यान नहीं दिया। किन्तु जब उसने संसारकी अतिसम्पन्न षष्ठांश भूमिपर साम्यवादका प्रभुत्व जमते देखा, तो उसका रुख बदल गया, और आत्मरक्षाके लिए उसने नए रूप धारण किए। इटलीमें मुसोलिनीका फैसिज्म* और जर्मनीमें हिटलरका नात्सीज्म यह उसी पुराने पूँजीवादके नए रूप हैं। और समय बीतनेके साथ यह स्पष्ट होता जा रहा है, कि सभी देशोंमें साम्यवादके रोकनेके लिए पूँजीवादको इसी प्रकार कुछ अवश्य करना होगा। बात यह है कि पिछली एक शताब्दी में पूँजीवादका नाम इतना बदनाम हो चुका है, कि पूँजीपति भी इस नामके व्यवहारमें हिचकिचाते हैं। इसीलिए मुसोलिनी कहता है—फैसिज्म पूँजीवादका दास नहीं है। हिटलरने तो अपने दलका नाम ही नात्सी या राष्ट्रीय समाजवादी रक्खा है। इसलिए इन वादोंके पक्षपाती आग्रहपूर्वक कहते हैं—हमारे वादको आप पूँजीवाद नहीं कह सकते। वर्त्तमान् कठिनाइयोंके हल करनेका दावा जैसे साम्यवाद करता है, वैसे ही हम भी एक हल पेश कर रहे हैं।"

अच्छा तो आइए, हम देखें यन्त्र और पूँजीवादसे उत्पन्न हमारी कठिनाइयोंको ये कहाँ तक हल करते हैं। हम उन कठिनाइयोंको दो

---

*विस्तारके लिए देखिये "मानव समाज" पृष्ठ २८६-३०२

भागोंमें बाँटते हैं, एक तो देशके भीतर बेकारी—जन-वृद्धिकी समस्या, और दूसरी संसारके शिरपर हर वक्त लटकती भीषण युद्धकी तलवार। फैसिज्म और नात्सीज्म दोनो ही युद्धके परम भक्त हैं। वह इसे मनुष्य-जातिकी भलाईके लिए अत्यन्त आवश्यक और पवित्र साधन मानते हैं। मुसोलिनीका फैसिज्म राष्ट्रीयतावादी है। उसके लिए इतालियन जाति और उसका स्वार्थ सर्वोपरि है। किसी समय मुसोलिनी जर्मनीके नात्सीज्मका भारी प्रोत्साहक था, और नात्सीज्मको फैसिज्मका ही जर्मन संस्करण माना जाता था, किन्तु, जब नात्सीज्म जर्मनीमे अधिकारारूढ हुआ, और एक जाति एव एक भाषाके नाते आस्ट्रियाको हड़पना चाहा, तो मुसोलिनीके कान खडे हो गए, और फिर इतालियन पत्र नात्सीज्मके विरुद्ध लगे जहर उगलने। जब आस्ट्रियाके चान्सलर डोल्फस्की नात्सियोने हत्या कर डाली, तब तो मुसोलिनीका विरोध और स्पष्ट हो गया। यह अनिवार्य भी था, क्योकि फैसिज्म और नात्सीज्म राष्ट्रीयताको सर्वोपरि ही नही मानते, बल्कि दूसरी जातियोके नाश या दासता द्वारा जैसे हो तैसे अपने राष्ट्रके विस्तार और प्रभुत्वको स्थापित करना चाहते हैं। फैसिज्मके सामने इतलीकी जन-सख्याको खूब तेजीसे बढाना, और काली जातियोके ही नही, हो सके तो पास-पड़ोसकी युगो-स्लाव जैसी जातियोंके अस्तित्वको मिटाकर भी अपने राष्ट्रको फैलाना प्रधान लक्ष्य भी था। उनकी इच्छा तभी पूर्ण हो सकती थी, जब दुनियाकी सारी जातियाँ इतालियन जातिके लिए इस भूमण्डलको खाली कर दे। और यह स्पष्ट ही है, कि युद्धको अमर बना रखनेका यह सर्वोत्तम उपाय है। लेकिन युद्ध अब पहिले जैसी शौककी चीज नही है, अब तो साइसने उसे इतना भयकर बना दिया है कि उससे सारी जाति उच्छिन्न हो सकती है।

वैदेशिक नीति तथा विश्वमे अशातिके संबंधमे नात्सीज्मका रुख तो फैसिज्मसे भी अधिक स्पष्ट है। हिट्लरने अपनी पुस्तक "मेरा युद्ध"* में लिखा है—

*सरस्वती (अगस्त १९३४ ई०, पृष्ठ १५१-५२) से उद्धृत।

"सच बात तो यह है कि शातिका आदर्श उसी दिन सबसे उत्तम रीतिसे कार्य रूपमें आ सकता है, जब मनुष्य संसारमें इस हद तक विजय प्राप्त कर ले, कि वह उसका एक मात्र स्वामी हो जाए"—(पृष्ठ ३१५)

"राष्ट्रका आन्तरिक उद्देश्य यह होना चाहिए कि वह चमकदार, तेज तलवार ढाल सके और इस बातका पूरा प्रबन्ध करे कि ये तलवार खूब और अच्छी तरहसे ढाली जाएँ।"—(पृ० ६८६)

"जो संधि या मित्रता युद्धके ख्यालसे नही की जाती, वह व्यर्थ और बेकार है।"—(पृ० ७४६)

नात्सीज्म राष्ट्रीयतामे एक कदम और भी आगे बढ़ा हुआ है। वहाँ तो इसके लिए शुद्ध आर्य—जिसके लिए माँ-बापकी कई पीढ़ियों तक अन्य जातिका रक्त-सम्मिश्रण न होना भी जरूरी है—होना अनिवार्य है। और उसकी परिभाषामे जर्मनी छोड़ संसारमें कही भी—यूरोपके देशोमे भी—शुद्ध आर्य नही हैं। वह दूसरी जातियोसे विवाह आदि सबध ही विच्छिन्न नही करना चाहता, बल्कि उसने शताब्दियोसे देशमें बसे हुए जर्मन यहूदियोंके—जिनकी कि वेष-भाषा सभी जर्मन है—भी देश निकालेकी व्यवस्था करके, अपने उक्त भावका परिचय दिया है। फैसिज्म भी जर्मन जातिकी जन-सख्या बढ़ाना अपना कर्त्तव्य समझता है। उसने विवाह करनेवालोंको सरकारी खजानेसे सैकड़ो रुपयोंके इनामका प्रलोभन दे रखा है। यह दोनो ही वाद और कुछ भी हो सकते हैं, किन्तु जहाँ तक विश्व-शातिका संबध है, ये उसके सबसे भारी शत्रु हैं।

अपने-अपने राष्ट्रके भीतर इन दोनो वादोका क्या रूप है, अब जरा इसपर नजर कीजिये। यह दोनों ही वाद शोषक और शोषित, लुटेरे और लुटनेवाले—अर्थात् पूँजीपति और श्रमजीवी इन दोनों वर्गोको कायम रखना चाहते हैं। मुसोलिनी और हिटलरको सफल बनानेके लिए, साम्यवादके हौवेसे भयभीत पूँजीपतियोंने ही तो अपनी थैलियाँ खोली थीं। पूँजीपतियोंके धनसे पोषित, श्रमजीवियोंकी स्वतंत्र

संस्थाओंकी चिताकी राखपर स्थापित, फैसिज्म या नात्सीज्म पूँजीवाद छोड और दूसरा क्या हो सकता है ?

हम पहले कह चुके हैं कि पूँजीवादमे व्यक्तिगत नफाके लिए यत्रोंका उपयोग होता है, और राष्ट्रकी आवश्यकताओंके लिए साम्यवाद-में उनका उपयोग होता है। नात्सीज्म शोषक और शोषित वर्गके भेदको मिटाना क्या वह तो उसे और दृढ करना चाहता है। साम्यवादकी ओर अधिक बढाव देखकर ही तो १६३४ में हिटलरने अपने दो सौ सहायकों-का कत्ल-आम किया। नात्सीज्मने स्त्रियोंके लिए विवाहको पेशा मानकर उनको आर्थिक स्वतत्रता और स्वतत्र जीविकोपार्जनको जबर्दस्ती छीनकर बेकारीके सवालको हल करना चाहा है। उसने उद्घोषित किया है—स्त्रियोका स्थान कारखानों और कार्यालयोंमे नहीं है, उनका स्थान घरमें है, गृहणी और माताके तौरपर। कितनी ही कठिनाइयो, जद्दोजहदके साथ पिछली एक शताब्दीमे स्त्रियोंने जो स्वत्व प्राप्त किये, उन्हे उसने अपने विजयके मदमे एक कलमसे छीन लेना चाहा है।

हर प्रगति-विरोधी दलके लिए धर्म और ईश्वरकी दुहाई बड़ी लाभदायक चीज है, वही बात हम इन दोनों वादोंके बारेमें भी पाते हैं। हिटलरके शासनमे तो विद्यार्थी यह प्रार्थना करनेपर मजबूर किये जाते हैं—

"हे सर्वशक्तिमान् परमेश्वर! हमारे शस्त्रोंको विजय प्रदान कर। न्यायकर, जैसाकि तू हमेशासे करता आया है। हम लोगोंको आशीर्वाद दे, और हमें बता कि क्या हम स्वतत्रताके अधिकारी हैं। हे ईश्वर! हमारे शस्त्रोंको विजय प्रदान कर।"

पोपके हुकुमनामोंकी तरह हिटलरने भी हुकुम निकालकर कार्ल-मार्क्सके ही नही, डार्विनके विकासवादको भी विश्वविद्यालयोंमे पढना वर्जित कर दिया है।

इस प्रकार फैसिज्म और नात्सीज्म दोनों ही हैं देशके भीतर प्रगति-विरोधी, पीछे खींचनेवाले, स्त्रियों, श्रमजीवियों और पिछड़ी जातियोंकी

स्वतन्त्रताके कट्टर शत्रु; और देशके बाहर युद्धकी अग्निको सदा उत्तेजित करनेवाले। वहाँ यंत्रोंके प्रयोगमें नफेका सवाल और शोषक वर्ग ज्योंका त्यों रहनेसे बेकारोकी समस्या इससे नहीं हल हो सकती।

आज इस दूसरे विश्वयुद्धके चार सालोंके तजुर्बेने फैसिज्म और नात्सीज्मके काले कारनामोंको खूब दिखला दिया है। इंग्लैण्डके स्वार्थान्ध पूँजीपतियोंने पहिले इन्हें प्रोत्साहन दिया जिसमें वे साम्यवादी रूससे लड़ पड़ें मगर वे पहिले इन्हींके ऊपर पड़े और २० सालकी सारी योजना और कुचक्रको भूलकर अन्तमें पूँजीवादी देशोंमें से सबसे शक्तिशाली इंग्लैण्ड और अमेरिकाको अपनी जान बचानेके लिए रूसके सोवियत्‌संघके साथ होना पड़ा। इतली फासिस्त लकड़बग्घा खतम हो चुका है, हिटलरके पतनमें भी वर्षों नहीं मासोंकी देर है।

साम्यवाद और व्यक्तिगत स्वतंत्रता

साम्यवाद क्या चाहता है—(१) 'शोषक और शोषितके भेदको मिटाकर उपजके साधन (मशीन, भूमि, कच्चा माल) तथा उत्पादित वस्तुओका स्वामी व्यक्तिको नहीं समाजको बनाना' (२) सभी व्यक्तियोंसे योग्यतानुसार काम करवाना' (३) जीवनके लिए जरूरी चीजों, यन्त्रोंके उपयोगसे मिलनेवाले अवकाश, और मानसिक विकासके अवसरको अपेक्षानुसार सभीको समानरूपसे बाँटना।

(१) और (२) को देखकर कितने ही लोग कह उठते हैं—

(क) आह ! तब तो साम्यवाद व्यक्तिगत स्वतंत्रताका महान् शत्रु है। उसके लिए व्यक्ति यत्रके पुर्जेसे बढकर नही हैं, फलत. वह समाजके हाथकी कठपुतली-मात्र है।

(ख) मानसिक विकासकी योग्यता सबमें समान नही है, इस प्रकार एक लाठीसे हाँकनेसे तो विशेष प्रतिभाओंकी हत्या होगी, और मनुष्य-समाज उनकी सेवाओंसे वचित रह जायेगा।

(ग) (३) से भी तो छोटे-बड़े सभी श्रमका पारितोषिक समान "सभी धान बाईस पसेरी", "अँधेर नगरी चौपट राजा । टके सेर भाजी टके सेर खाजा"—होनेपर कोई क्यों अधिक मूल्यवान् श्रम और योग्यताके लिए कोशिश करेगा ? जगलमें सभी दरख्त एकसे नहीं होते—कोई देवदारकी भाँति सौ-सौ फीटके, कोई भोजपत्रकी तरह छोटे, और कोई तो घासोंकी तरह बहुत ही छोटे होते हैं। यदि प्रकृति सबको एक समान खाद्य दे, एक समान हवा-पानी-धूप दे, तो क्या देवदार उतने बढ सकते हैं। फिर तो गमले में रखे चीनी देवदारकी भाँति उन्हें दो

तीन फीट तकमें अपनी वृद्धि रोक देनी होगी। साम्यवादका सिद्धान्त भी जरूर प्रतिभा और योग्यताके लिए ऐसा ही घातक होगा।

(घ) यह संभव नही है, कि मनुष्य अचेतन वस्तुओंकी भाँति एक तग दायरेमे बँधा रहे। चेतनाका मतलब ही है, स्वतंत्र विचार और कार्यका मार्ग ग्रहण करना। इसी स्वतन्त्रतासे तो मनुष्य कोमल कला, सुन्दर साहित्य और विशाल विज्ञानके निर्माणमें सफल हुआ।

(ङ) साम्यवादियोंको मानव प्रकृतिका ज्ञान रत्ती भर भी नहीं है, नही तो वे ऐसा हवाई किला बाँधनेका कभी प्रयत्न न करते। मनुष्योंमें किन्ही-किन्हीको अगुवा बनने, हुकुम चलानेकी नैसर्गिक योग्यता होती है, और दूसरे बहुसख्यक वैसी योग्यतासे शून्य सिर्फ अनुगामी बनने, हुकुम बजा लानेकी योग्यता रखते हैं। साम्यवाद कोई ऐसा छू मंतर नही है, जो मनुष्यकी नैसर्गिक प्रवृत्तिको बदल दे।

(च) व्यक्तियोंकी भाँति भूमंडलकी जातियाँ भी नाना जलवायु, नाना मानसिक-शारीरिक विकासोंके कारण समान योग्यता नही रखतीं; उनमें कितनी ही शासित होने ही लायक हैं, और शाशक बननेकी योग्यता हर्गिज़ नही रखती। बाघ और बकरीको एकसा बनाना क्या पागलपन नही है?

(छ) पूँजीपति शोषक नही हैं बल्कि चीजोंके उत्पादनमें वह भी वैसे ही श्रम करते हैं, जैसे कि श्रमिक। यदि श्रमिक हाथसे काम करते हैं, तो पूँजीपति सगठन, निगरानी और एकत्रीकरण-वितरण द्वारा वैसे ही महत्त्वपूर्ण कामको करते हैं।

(ज) सस्कृत और कलाके संरक्षण एव विज्ञानके प्रचारमें क्या पूँजीपतियों और राजा-महाराजाओंका ही प्रधान हाथ नहीं रहा है? फिर उस वर्गका अस्तित्व मिटाना क्या समाजके लिए हानिकारक नहीं सिद्ध होगा?

इनके उत्तरमे साम्यवादी कहेगा—

(क) साम्यवाद पूँजीवादकी अपेक्षा कहीं अधिक व्यक्तिगत

स्वतन्त्रता देता है, यह बतलानेके पहिले हमे देखना है, पूँजीवादी जिस व्यक्तिगत स्वतंत्रता का ढोल पीटते हैं, उसका रूप क्या है, और वह समाजमें कितनों को नसीब है ? हम आठवे अध्यायमें बतला आए हैं, कि सारी स्वतंत्रताओंकी जननी है आर्थिक स्वतंत्रता। वह आर्थिक स्वतंत्रता कितनों को प्राप्त है ? सिर्फ उन्हींको न, जिनके पास धन है, अर्थात् जो पूँजीपति हैं ? वह हजारों मजदूरोंको खरीद सकता है, हाँ दासकी तरह नहीं, बल्कि उससे भी बुरी तरहसे। दासके लिए हर हालतमें मालिक खाना-कपडा देनेके लिए मजबूर था, क्योंकि वैसा न करनेसे उसे उसमें लगी पूँजीके डूब जानेका डर था। किन्तु मजदूरके लिए ? जब तक वह स्वस्थ है, काम कर सकता है जब तक उससे काम लेनेमें नफा है, तब तक उसके श्रम की आधी-तिहाई मजदूरी देकर उससे काम लेना है। यदि बाजार मदा हो और मजदूरी घाटेका सौदा है, तो बस कारखानेके दर्वाजेमें ताला। अब हजारों मजदूर—जिनसे उनका घरबार छुडाया गया, जिनसे उनके हाथका हुनर छीन लिया गया—बलासे भूखों मरे। यदि मजदूर बीमार पड गया या बूढा हो गया, तो भी स्वस्थ अवस्थाके एक-एक बूँद खूनको चूस लेनेवाला मालिक उस मजदूर को बैरंग जवाब दे देनेकेलिए बिल्कुल स्वतंत्र है। हजारों मजदूर और उनका परिवार, यह कैसी व्यक्तिगत स्वतत्रताका स्वर्गीय आनन्द लूट रहा है! शायद आप उन्हे इसलिए स्वतत्र कहते हैं, क्योंकि आँख बचाकर वह आत्महत्या तो कर ले सकते हैं !! मजदूरोंको छोड और भी कितने ही व्यक्ति ढूँढ़नेपर ऐसी व्यक्तिगत स्वतत्रताका उपभोग करते पाये जायेंगे।

क्या आप बतला सकते हैं, संसारमे कौनसे साधन या व्यक्ति पूँजीपतियोंके खरीदे नहीं हैं ? क्या समाचार-पत्र जनताके सामने स्वतंत्र विचार रखते हैं ? क्या इङ्गलैण्ड तथा दूसरे मुल्कोंके करोड़पति पत्र-मालिक पत्रकार-कलाको अपने हाथकी कठपुतली नहीं बनाये हुए हैं ? पत्रोंको किसी पहिले समय चाहे कुछ थोडी बहुत स्वतंत्रता रही हो;

किन्तु आजकल तो वह पूँजीपतियोंके गुलाम हैं। भारतमें भी जिन पत्रोंने स्वतत्रता और क्रान्तिकारी विचारोंका वकील बन अपनी नींव मजबूत की, उन्हे भी सफलता प्राप्त होते ही पैंतरा बदलते देर न हुई। और वह समय दूर नहीं, जब यहॉके पत्र भी दूसरे देशोंकी भाँति पूँजीपतियोंके हाथमें जा, उन्हींकी भलाईकी बात कहना अपना कर्त्तव्य समझेंगे। हमारे यहॉ अभी तक यदि पूँजीपतियोंका बहुत कम ध्यान इधर गया, उसका कारण था—लाभकी कम सभावना और पूँजीके डूबने का डर। जिन समाचार-पत्रोंकी अधिकतर आमदनी पूँजीपतियोंके विज्ञापनोंसे होती है, वे कहॉ तक अपनी स्वतत्रता कायम रख सकते हैं? अब भारतीय पूँजीपति समाचारपत्रों और प्रेसपर अधिकार जमाने में काफी दूर तक अग्रसर हो चुके हैं।

क्या लेखकों और कवियोंको पूँजीपतियोंने नहीं खरीद रक्खा है? दुनियामें ऐसोंकी सख्या बहुत कम है, जिन्होंने अपनी कलम और प्रतिभाको न बेच खाया हो। जो कुछ इने-गिने स्वतत्र कलमके धनी ससारमें पाये जाते हैं; वे उन सैकडों व्यक्तियोंके जीवन भरके स्वतत्रताके संग्रामके अवशेष मात्र हैं जो असफल रह गुमनाम ही ससारसे चल बसे।

और राजनीतिज्ञ! राजनीति तो और भी पूँजीपतियोंकी दासी है। ससारके राजनीतिज्ञोंकी ओर नजर दौडाइए, आपको यह स्पष्ट मालूम हो जायेगा। सभी देशोंके मन्त्रिमण्डलोंमें कारखानेवालों, बैंकों, प्रेसके मालिकोंकी ही तो भरमार है। राजनीति तो शक्तिका स्रोत है, इसलिए उसे पूरी तौरपर हथियाना पूँजीपति लोग अत्यन्त आवश्यक कर्त्तव्य समझते हैं। पूँजीवादी देशोंकी पार्लियामेंटोंके चुनाव तो सिर्फ रुपयोंके ही भरोसे लड़े जाते हैं। जहॉपर सम्मति-दाताओंको रुपयोंके रूपमें रिश्वत नहीं दी जाती—और ऐसे स्थान बहुत कम हैं—वहाँ भी जनता और प्रेसको खरीद लिया जाता है, यातायात के साधनों—मोटरों, हवाई जहाजों, रेलोंपर रुपया पानीकी तरह बहाया जाता है। क्या जिनके पास रुपया नहीं है, सिर्फ अपनी योग्यता, त्याग और सेवाके भरोसे चुनावमें

कभी सफलता प्राप्त कर सकता है ? गाँवका अपढ अजान आदमी भी जानता है, कि चाँदीके टुकड़ोंकी वर्षा किये बिना कोई चुनावमे सफल नही हो सकता। "प्रजातत्रीय" सस्थाओंके लिए यह सम्मतिदान ही तो व्यक्तिगत स्वतत्रताका उदाहरण बतलाया जाता है ! जब तक एक आदमीके हाथमें अपार धनराशि है, और दूसरे हजारों गरीब, आश्रयहीन हैं, तब तक सम्मतिकी खरीद-बेच हुए बिना रह ही नही सकती।

क्या पडित, मौलवी, पादरी व्यक्तिगत स्वतत्रताके मालिक हैं ? उनका तो अस्तित्व ही पूँजीपतियोंकी कृपापर है। उनके बडे-बडे मदिर, मकान, लम्बी धोतियाँ और चोगे सभी पूँजीपतियोंकी देन हैं। सबसे कम जहाँ स्वतत्रताकी आशा हो सकती है, वह हैं यही धर्मके ठेकेदार और उनकी सस्थाएँ।

देशी राजाओंकी प्रजाके लिए तो व्यक्तिगत स्वतत्रताका शब्द भी प्रयुक्त नही हो सकता। उनका तो जानमाल, इज्जत-पानी सभी "अन्नदाता" की मुट्ठीमे है।

आप तेज मशाल लेकर ससारके कोने-कोनेमे ढूँढ आइए, आपको व्यक्तिगत स्वतत्रताका किसी पूँजीवादी देशमे पता न मिलेगा, यह एक व्यर्थका शब्द मालूम होगा। अथवा यदि वह कही सार्थक होगी, तो वह मुट्ठीभर धनिकोंके लिए। वही इन लम्बे-चौडे शब्दोंसे लोगोको बहकाना-डराना चाहते हैं, और भोले-भाले आदमी "कौआ कान ले जा रहा है"—कहनेपर कानको बिना टटोले ही कौएके पीछे दौडने लगते हैं। उन्हें समझना चाहिए, जब दुनियाकी सबसे बडी शक्ति धन, सिर्फ चद आदमियोंके हाथकी चीज है, और वह उससे छोटे-बडे सभी तरहके आदमियोको खरीद सकते हैं, तो खरीदा आदमी कभी स्वतत्र नही हो सकता है ?

हाँ, तो मालूम हुआ, आपकी "व्यक्तिगत स्वतत्रता" धोखेकी टट्टी है। साम्यवाद चूँकि धनको व्यक्तिके हाथमे नही रहने देता, और आर्थिक दृष्टिसे सबको एक तलपर ला देता है, इसलिए वह अलबत्ता व्यक्तिगत स्वतत्रताका भारी सहायक है।

(ख) साम्यवाद सभी प्रकारकी योग्यताओंको विकसित और सफल करनेका पूरा अवसर देता है। आपका बतलाया दोष तो पूँजीवादमें ही है, जिसके यहाँ दरिद्र पिताके प्रतिभाशाली बालकको ऊपरके बीजकी भाँति अकुरित भी होने नही दिया जाता।

(ग) साम्यवाद सभी प्रकारके श्रमोको समाजके लिए एक-सॉ आवश्यक समझता है। यह योग्यता, प्रतिभा और समाजके लिए की गई बड़ी सेवाओंका मूल्य धन-द्वारा नही करना चाहता। प्रतिभाएँ स्वय इसे चिरकालसे तुच्छ समझती आई हैं। हाँ, वह अधिक श्रद्धा-सम्मान-द्वारा उन्हें पुरस्कृत करनेका विरोधी नहीं है। ऐसी प्रतिभाएँ तो अपने कार्यकी सफलता और सुखमय परिणामसे ही अपनेको कृतकृत्य समझती हैं। दुनियाके बड़े-बड़े वैज्ञानिकोंके आविष्कारोंसे तो सिर्फ पूँजीपतियोने फायदा उठाया है। यह होते हुए भी विज्ञानकी खोजमे प्रसन्नतापूर्वक अपने प्राणोकी आहुति देनेवाले किस पारितोषिककी इच्छासे वैसा करते हैं? वस्तुतः प्रथम श्रेणीकी प्रतिभाएँ बिना किसी पारितोषिकके लोभके ही मनुष्यजातिकी सेवाके लिए तैयार रहेगी। द्वितीय और तृतीय श्रेणीकी प्रतिभाओंको काममे सहायता और श्रद्धा-सम्मान द्वारा प्रोत्साहित किया जा सकता है।

(घ) साम्यवाद मनुष्यको अचेतन वस्तुओंकी भाँति तग दायरेमे बंद नही कर रखना चाहता, बल्कि पूँजीवादके जेलखानेमे जन्मसे मरणतक बद रक्खेजाने वाले असंख्य मनुष्योंको उनकी आर्थिक बेड़ी काटकर मुक्त करना चाहता है। कोल्हूके बैलकी भाँति जीवनभर पेटके पीछे घूमनेवालोको भी 'कोमल कला, सुन्दर साहित्य, विज्ञानके निर्माणके लिए" वह हजारगुना अधिक अवसर देता है।

(ङ) यदि अगुआपन और अनुगामीपन मनुष्यमे माँके दूधसे आता है, तो साम्यवादी उसके पीछे लाठी लेकर कहाँ फिरते हैं? वे तो सिर्फ यही चाहते हैं, कि वह अगुआपन व्यक्तिकी योग्यता और प्रतिभाके बलपर स्थापित हो। रुपयेकी रिश्वत देकर अगुआपन कायम करने हीके

तो वह विरुद्ध हैं? रुपयेसे खरीदे अगुआपनको तो आप भी स्वाभाविक नहीं कहेंगे।

(च) भूमंडलकी जातियोंमे जन्मसिद्ध शासक और शासितभेद करना तो वैसा ही है, जैसे कोई लुटेरा कहे—"न्यायाधीश बड़ा मूर्ख और मनुष्यके स्वभावसे बिल्कुल अनभिज्ञ आदमी है। उसे मालूम होना चाहिए, कि कुछ मनुष्य जन्मतः लूटनेके लिए बनाये गये हैं, और कुछ लुटनेके लिए। बाघ-बकरीकी भाँति दोनों प्रकारके व्यक्तियोंको एक जैसा बनाना बिल्कुल अनुचित है।" जैसे लुटेरेकी यह बात है, वैसे ही साम्राज्यवादी पूँजीपतियोंका उक्त कथन भी उनकी स्वार्थ परायणता-का नमूना है, सत्यका नहीं। जिन युक्तियोंके आधारपर वे संसारकी जातियोंको इन दो भागोंमें बाँटते हैं, उनके ही बलपर तो उनकी अपनी जातिको भी दो हिस्सोंमे बाँटा जा सकता है। और दरअसल पूँजीवादियोंने उन्हें वैसे ही बाँट भी रखा है।

(छ) बड़े-बड़े कारखानोंके हज़ारों भागीदार जो कारखानेके बारेमें सिर्फ इतना ही जानते हैं, कि उन्हें इस वर्ष १५ प्रति सैकड़ा मुनाफा मिला है, क्या श्रमिक कहे जायेंगे? अपनी जमींदारी-तालुकेदारीसे जिनको गुलछर्रे उड़ानेके लिए रुपये मिल जाने भरका संबंध है, क्या वे श्रमिक हैं? पराई कमाई, पराये परिश्रमको हड़पनेवाले व्यक्ति शोषक नहीं तो क्या हैं? जो पूँजीपति अपने कारबार की सीधी देखभाल करते हैं, उन्हें भी अपने मजदूरोंकी अपेक्षा हजारगुना अधिक पारिश्रमिक लेनेका क्या हक है? और जब तक वह वैसा करेंगे तब तक वे शोषक-हड़पक हैं ही।

(ज) भूतकालमें कला, विज्ञानकी संरक्षकता, धनिकोंको हमेशाके लिए पट्टा नहीं दिला देती, कि वह हमेशा तक लोगोंको लूटा करें। यदि उन्होंने समाजकी कोई वैसी भलाई—जो स्वार्थशून्य तो कभी नहीं रही—की, तो उसका कई गुना अधिक फायदा भी वे उठा चुके। अब इस वर्गके न रहनेपर कला और विज्ञानकी प्रगतिमें कोई हानि नहीं

होगी, क्योंकि उसके लिए साम्यवाद राष्ट्रके अपार साधन, अपरिमित अवकाश, और असंख्य प्रतिभाओंको लगा देनेके लिए तैयार है।

साम्यवाद स्वतन्त्रता और स्वैरितामें भेद करता है। समाजके सभी व्यक्तियोंकी स्वतन्त्रताका ख्याल जिसमें रखा जाये वही स्वतन्त्रता है। इस प्रकार स्वतन्त्रताकी भी सीमा और मर्यादा है। कर्त्तव्यका बन्धन भी एक बन्धन है सही, तब भी उसके अनुसरणको हम स्वतन्त्रताका बाधक नहीं कह सकते। यदि वह परतंत्रता भी है, तो उसे शिरोधार्य करना ही होगा, क्योंकि उसके बिना समाजका कल्याण नहीं हो सकता। समाजका कल्याण क्या है? वही उसके सभी व्यक्तियोंका समानरूपेण कल्याण। समाज कहनेसे वह कल्याण व्यक्तियोंसे बाहरका नहीं हो जाता। सब व्यक्तियोंकी सम्मिलित भलाई-बुराई ही समाजके नामसे कही जाती है। देशके सैकड़ों प्रकारके क़ानूनोंको तो आप स्वतन्त्रताका बाधक नहीं समझते होंगे? साम्यवादमें तो उन क़ानूनोंमेंसे तीन-चौथाईकी आवश्यकता ही न होगी। क्योंकि उनमें अधिकांश तो व्यक्तिगत संपत्ति, उसके टैक्स और रक्षाके सम्बन्धसे बने हैं। जो सिद्धान्त तीन-चौथाई क़ानूनोंको अनावश्यक कर दे, वह अधिक व्यक्तिगत स्वतन्त्रता देता है, या वह जोकि चौगुनेकी आवश्यकता अनिवार्य समझता है?

पूँजीपतियों और सत्ताधारियोंकी जिस स्वतंत्रताका आपको ख्याल है, वह स्वतन्त्रता नहीं स्वैरिता है। उसकी नींव असंख्य व्यक्तियोंकी स्वतन्त्रताके सत्यानाशपर रखी गई है। जैसा सम्बन्ध सारी घड़ीके साथ उसके पुर्जेका है, वैसा ही संबंध है व्यक्तिका समाजके साथ। व्यक्तिके लिए स्वतंत्रता चाहिए, किन्तु वह स्वतन्त्रता दूसरे व्यक्तियोंकी स्वतन्त्रतामें बाधा पहुँचानेवाली न होनी चाहिए।

इस तरह देखनेसे मालूम होगा, कि जिनकी स्वतंत्रता बहु-संख्यक मनुष्योंकी स्वतंत्रताकी बाधक है, उन्हें छोड़कर, बाकी सभी लोगोंके लिए साम्यवाद बहुत अधिक स्वतंत्रता देता है।

(११)

साम्यवादमें यंत्रोंसे प्राप्त अवकाशका उपयोग

वैज्ञानिक साम्यवाद जीवनकी सभी सामग्रियोके पैदा करनेमे यन्त्रोका पूरे तौरसे उपयोग करनेका पक्षपाती है। वह यह भी चाहता है कि यन्त्रोंमें दिन-पर दिन अधिकाधिक सुधार होता जाए, जिसका मतलब है, कि चीजोंके पैदा करनेमे कम-से-कम समय लगे। हो सकता है ऐसा समय आए जब ससारके सभी काम करने लायक मनुष्योका एक घण्टेका श्रम ही उनके जीवनकी सभी उपयोगी चीजे—खाना, कपड़ा, मकान, बाग, सडक, विद्यालय, नाट्य-मच आदिके लिए पर्याप्त हो। वैसी दशामे आठ घण्टा सोनेके लिए भी रख लेनेपर, बाकी पन्द्रह घण्टोंमें आदमी क्या करेगा ? क्या काम न होनेपर बेकार आदमी तरह-तरहके झगड़े-फसादमे नही लग जायेगा ? क्या उससे भविष्यकी शान्ति और सुखका सपना झूठा न हो जाएगा ?

हमे ऐसे प्रश्न उठानेवालोपर आश्चर्य होता है। जो लोग खुद उपदेश किया करते थे—मनुष्यका जीवन पेट पालनेमें लगे रहनेके लिए नही है, वह तो पशु भी कर लेते हैं। जिनके स्वर्गकी कल्पना ही है—कि वहाँ आदमीको सब माँग सुलभ है, और काम बिल्कुल नही करना पड़ता, वही लोग अब इस प्रकारकी दलीले उठाते हैं। सम्भव है, उनका यह ख्याल हो कि साम्यवादी तो धार्मिक पूजा-पाठको भी नहीं मानते, फिर उनके पास बेकारोंके समयको काटनेका क्या उपाय हो सकता है ? नहीं जनाब ! धार्मिक पूजा-पाठको न मानते हुए भी साम्यवादी बहुतसे काम बता सकते हैं। वे मनुष्यके करने लायक कामोंको दो हिस्सोमे बाँटते हैं—एक वह जो सबके लिए अनिवार्य हैं, और दूसरे वह जिसके करनेमे व्यक्तिकी स्वतन्त्रता है। व्यक्ति और समाजके जीवन धारणके लिए जो चीजें अत्यन्त आवश्यक हैं, उनके पैदा करनेका काम मानसिक और शारीरिक योग्यताके अनुसार हर एक आदमीको करना

अनिवार्य है। यन्त्रोके उपयोगके द्वारा कामके समयको घटाकर एक घण्टा कर देनेका मतलब है, अनिवार्य कार्यके लिए सिर्फ एक घण्टेका रह जाना। व्यक्तिगत स्वतंत्रताके प्रेमियोको तो इससे खुश होना चाहिए। बाकी पन्द्रह घण्टोंके कामके लिए आपको चिंतित न होना चाहिए, उस समय अपनी-अपनी रुचिके अनुसार मनुष्य साहित्य, सगीत और कलाका निर्माण कर सकता है, या उसका रसास्वादन कर सकता है; स्वास्थ्य और साहसके खेल और यात्राएं कर सकता है। आकाश, भूमि और समुद्रकी यात्राएँ क्या मनुष्यके लिए मनोरजक और ज्ञानवर्धक न होगी? मनुष्य, पशु, पक्षी तथा दूसरे छोटे-छोटे जन्तुओके मनोविज्ञानका अनुसंधान या अध्ययन कर सकता है; दर्शन और विज्ञान-सम्बन्धी खोजोंमें लग सकता है। चिकित्सा-संबधी न हल हुई कितनी ही समस्याओको हल कर सकता है। यात्राएँ, क्रीड़ा और नाट्य ऐसी चीजे हैं, जिनमे आदमी जितना चाहे उतना समय दे सकता है। फिर क्या आप विश्वास दिलाते हैं कि उस समय प्राकृतिक उपद्रव भूकम्प, अवर्षण, अतिवर्षण आदि न होंगे? उनके होनेपर पुनर्निर्माणके लिए आदमीको सारी शक्तिके साथ बराबर तैयार रहना होगा। सूचना पाते ही एक जगहके आदमियोंको दूसरी जगह सहायता केलिए दौड़ना होगा क्योकि उस समय वस्तुतः सारा मानव-समाज ही एक परिवार हो गया रहेगा।

जरा ख्याल तो कीजिए आजकल जब अधिकाश मनुष्य हर वक्त कामकी चक्कीमे पिसे रहकर कला और साहित्यके सृजन या अवलोकनके आनन्दके लिए समय नही निकाल सकते, और जिन थोड़े लोगोंको वैसा अवसर भी मिलता है, वे भी धनी लोगोंको सन्तुष्ट करनेके लिए उसका ऐसी चीजोंके निर्माण मे उपयोग करते हैं, जिनसे दूसरे मनुष्योंके शरीर और मन विकृत होते हैं। अवकाश और प्रतिभाके उपयोगका द्वार मनुष्य मात्रके लिए खुल जानेपर उस समय मनुष्य पृथ्वीके कोने-कोनेको सुन्दर बना देगा। जो कलाका आनन्द आजकल इने-गिने

लोगोंके भाग्यकी चीज है, वह उस समय सार्वजनिक हो जाएगा। मनुष्यकी विद्या और संस्कृतिका तल उस समय आजसे बहुत ऊँचा हो जायेगा। आजकल मनुष्यका कितना समय वेकार जा रहा है ? प्रतिभाएँ सोई पडी रहती हैं ? इन सारे वेकार जानेवाले श्रम, समय और प्रतिभाओंका जब मनुष्य स्वतन्त्रतापूर्वक अच्छी तरह उपयोग करेगा, तो ससार उस झूठे स्वर्गसे कहीं अधिक सुन्दर, सुखमय और तृप्तिकर होगा, जिसकी कल्पनाको सामने रखकर धर्मके पुरोहित अपने भोले-भाले अनुयायियोंको फँसाते हैं।

आप हमारे इस कथनको कल्पनाके ससारमे विचरना कहेगे, किन्तु सच बताइए क्या आपका प्रश्न भी वैसा ही नही है ?

साम्यवादी झडेके नीचे आकर राष्ट्रकी सोती हुई शक्तियाँ जाग्रत होकर क्या-क्या कर सकती हैं, वह आपको ससारके साम्यवादी देशकी ओर एक दृष्टि डालनेसे मालूम हो जायेगा। अब भी उसके भीतरी विरोधी नष्ट नहीं हो गये हैं, और बाहर तो उसके विरुद्ध जबर्दस्त षडयन्त्रोंका बाजार गर्म है। परन्तु इतना होनेपर भी यही नही है कि किसी समय उद्योग-धधेमे वह अत्यन्त पिछडा देश आज मिट्टीके तेल और लोहेके उत्पादनमे ही सर्वप्रथम है; बिजलीके उत्पादनमे भी शीघ्र ही वह वैसा ही होनेवाला है, बल्कि विज्ञानकी खोजोंमे भी उसने बहुत तरक्की की है। उसे मनोविज्ञानकी खोजमें पावलोवकी खोजोंका श्रेय प्राप्त है। पावलोव बर्ट्रंड रसलके मतसे ससारके सात प्रतिभास्तम्भोमेसे एक है। चिकित्सा-विज्ञानमे हृदयकी गतिके बन्द होने से मरे हुए लोगोंको पुनर्ज्जीवित करनेका आविष्कार भी वहाँ हो चुका है। दूसरे विज्ञानोंके क्षेत्रोंमे भी वह देश आगे बढता जा रहा है। साहित्य और नाट्यकलामें तो आज ससारमे उसका प्रथम स्थान है। जिस प्रकार वहाँ हर एक बच्चेकी शिक्षा अनिवार्य ही नहीं है, बल्कि मानसिक झुकाव देखकर शिक्षा देनेका उत्तम प्रबन्ध है; और जैसे प्रतिभाओंके लिए देशके कोने-कोनेसे खोजकर विशेष शिक्षाका प्रबन्ध किया जा रहा है, उससे

यही आशा रखनी चाहिए कि कुछ ही समयमे विज्ञान और उसके आविष्कारोंकी सहायतासे साम्यवादी देश बहुत आगे बढ जायेगा।

इस प्रकार यंत्रोके अत्यधिक उपयोगसे प्राप्त होनेवाला अवकाश कोई ऐसी समस्या नही है, जिससे भयभीत हो हम अपने ध्येयको छोड़ बैठे। इतनी बात भी हमने उठनेवाली काल्पनिक शकाओके समाधानके लिए कही। साम्यवाद परिस्थितिके मुताबिक बुद्धिके स्वतंत्रतापूर्वक उपयोगका अब भी पक्षपाती है, और आगे भी रहेगा। लाखो वर्षों बाद आनेवाली समस्याओंका क्या रूप होगा, यह तो हमे मालूम नही है; इसलिए अभीसे उनपर माथापच्ची करनेकी हमे क्या जरूरत? हाँ, बुद्धिस्वातन्त्र्यके जिस ससारकी वह इस वक्त नींव डाल रहा है, उसके बलपर अपने विशाल ज्ञान और चिरकालके तजर्बोंके भरोमे उस वक्तके लोग अपने आप उनके हल सोच लेगे।

---

(१२)

साम्यवादका भविष्य और उसके शत्रु-मित्र

हम मनुष्य-जातिकी विकट समस्याओपर काफी लिख चुके और यह भी दिखला चुके कि उनसे बचनेका एकमात्र उपाय साम्यवाद है। सवाल होता है—क्या साम्यवाद संसारमे अवश्य ही होकर रहेगा? यह ऐसा प्रश्न है जिसका उत्तर एकदम 'हाँ' या 'नहीं'में नही दिया जा सकता। (१) संसारके इतने भारी जन-समुदायका बेकार हो भूखे मरना, (२) हर दसवे-बारहवे वर्ष बाजारका मन्दा पड़ जाना, और उसके कारण एक ओर लोगोंका भूखे मरना और दूसरी ओर लाखों मन खाद्य और दूसरे पदार्थोंमें आग लगाया जाना, (३) ससारके ऊपर सदा भयकर आधुनिक प्रकारके युद्धोकी नङ्गी तलवारका लटकते रहना, (४) पैतृक रोगो और मानसिक दुर्बलताओको हटा बेहतर मानव-सन्तान पैदा करनेके रास्तेमें पग-पगपर बाधाओंका होना, (५) धनी-गरीब सबको ग

भविष्यकी अनिश्चित अवस्थासे चिन्तित रहना—यह और दूसरी भी ऐसी कितनी बाते हैं, जिनको साम्यवाद ही हल कर सकता है। शताब्दियोंसे सुरक्षित अपने स्वार्थोंकी रक्षाके लिए यद्यपि बलवान् शक्तियाँ भी इसका विरोध कर रही हैं, तो भी उपर्युक्त समस्याऍ मनगढन्त नही हैं। उनकी तीव्र वेदनाऍ हर एक पुरुषको समय-समयपर बिच्छूके डककी भॉति चुभती रहती हैं, इसलिए मनुष्यको साम्यवादका स्मरण बारबार आना अनिवार्य ठहरा और इसीसे मालूम होता है कि साम्यवाद ससारमे फैलकर रहेगा।

तो भी पूॅजीपतियोके पास धनकी अपार शक्ति है, विद्या-बुद्धि है, धर्म और ईश्वरका जाल है। वे चुपचाप अपने स्वार्थोंसे दस्त-बरदार न होंगे। वे इसका प्राणपनसे विरोध करेगे—बुद्धिसे भी और शस्त्रसे भी। परन्तु उनका मतलब तभी पूरा हो सकता है, यदि वह (१) कुछ देशोंको हमेशाके लिए गुलाम बना सके, और इस प्रकार एक स्थायी बाजार उनके हाथमे हो, (२) यदि परतत्र देशोके लिए पूॅजीपति देशोमे ऐसा समझौता हो जाय कि वे उनके लिए परस्पर युद्ध न करे, जिससे कि परतत्र देशको कभी स्वतत्र होनेका मौका न मिले, और न उन्हे ही वैज्ञानिक युद्धके कारण अपना सर्वनाश कर लेना पड़े, (३) यदि जनवृद्धि और यन्त्रके कारण वेकार होनेवाले लोगोको वे युद्ध या क़त्ले-आम द्वारा नष्ट कर सके, (४) यदि मनुष्यकी ज्ञान-पिपासा और मनन अन्वेषणकी प्रवृत्ति भूतकी बात हो जाय, और स्वार्थी प्रभुओके शासनको अन्त करनेवाले वैज्ञानिक और विचारक फिर न उत्पन्न हो सके, (५) यदि मनुष्य जातिमे आदर्शके लिए प्राणोकी बाजी लगानेवाले सत्पुरुषोंका पैदा होना हमेशाके लिए बन्द हो जाय, तो हम कह सकते हैं कि साम्यवाद ससार में नही फैल सकेगा।

हमने पक्ष और विपक्ष दोनों तरहके कारणोंको रख दिया। उनके देखनेसे मालूम होगा कि साम्यवादके विरोधी कारण, पक्षवालोंसे कहीं अधिक असम्भव हैं, और इसलिए साम्यवाद जल्दी या देरसे जरूर

सफल होगा। पूँजीवादियोंका सिद्धान्त आदर्शवाद नही, स्वार्थका वाद है; इसलिए वह यह प्रयत्न तो करेगे कि साम्यवाद कभी आए ही नही; किन्तु वे इसपर भी सन्तोष करेगे, यदि वह उनकी ज़िन्दगी भरके लिए टल जाए। दुनियाके उथल-पुथलमे वे देखते हैं कि कितने ही धनियोके पुत्रोंको मजदूरी करनी पडती है, तो भी वे अपनी सन्तानोंकी परवा नहीं करते। उनके लिए अपनी जिन्दगीका सुखसे कट जाना प्रथम ध्येय है। किन्तु साम्यवादी अपने सामने एक आदर्श रखते हैं, और ऐसा आदर्श जिससे वे समझते हैं कि सिर्फ एक देशको ही नही, सारी मनुष्य जातिको चिरस्थायी शान्ति प्राप्त होगी। इसलिए यद्यपि देर होनेपर भी वे अपने कामको छोड़ नही सकते, तो भी उस देरका होना न होना अधिकतर उनके ही उद्योग या सुस्तीपर निर्भर है। बिना प्रयत्न, बिना स्वार्थ-त्याग, बिना एकताके साम्यवाद अपने आप संसारमे फैल जायेगा, ऐसी आशा रखना साम्यवादके कर्मण्यतापूर्ण सिद्धान्तके बिल्कुल विरुद्ध है।

साम्यवादकी सफलता चाहनेवालोको यह भी जानना चाहिए कि साम्यवादके कौन शत्रु और कौन सहायक हैं। औरोंकी भाँति साम्यवादके भी दो प्रकारके शत्रु हैं। एक वे जो जान-बूझकर अपने स्वार्थके लिए इनका विरोध करते हैं, दूसरे वे जो भ्रमपूर्ण धारणा और अज्ञानके कारण शत्रुवत् आचरण करते हैं। पहली श्रेणीमे (१) पूँजीपति सर्वप्रथम हैं; (२) फिर उनके क्रीतदास नौकर-चाकरों और धर्मके पुरोहितोका नम्बर आता है। (३) पूँजीपतियोके सहायक धर्म और ईश्वर साम्यवादके विरोधके लिए भयकर अस्त्र हैं। (४) बूढे और नए विचारोपर सोच-विचार करनेकी शक्ति खो चुके दिमाग भी उसी तरहके विरोधी हैं।

दूसरी श्रेणीके शत्रुओंमे (१) अधी भक्ति और श्रद्धा-तपस्याके प्रचारकोंका नबर पहले आता है, क्योंकि वे मनुष्यकी स्वतत्र विचार करनेकी शक्तिको बेकार कर देते हैं। (२) अन्धीराष्ट्रीयता भी साम्यवादके आन्तरिक शत्रुओंमे है, क्योकि वह ससारके सभी श्रमजीवियोंकी एकतामे

बाधा ही नही डालती बल्कि उन्हें आपसमे शत्रुता और बन्धु-हत्याके लिए तैयार करती है। राष्ट्रीयताका समर्थक होते हुए भी समाजवाद अन्तर्राष्ट्रीय है। स्वदेशी समाजवादका नारा सिर्फ दूसरोंकी आँखोंमे धूल झोकने तथा अपनी नेतागिरीको कायम रखनेके लिए है। (३) पुरानी बातोका बेसुरा राग अलापना, भविष्यकी दिन पर दिन होनेवाली सार्वत्रिक प्रगतिको भूतमे खोजना या भूतकी अपेक्षा उसे निकृष्ट समझना, बात-बातमे पुरानी पुस्तको और बातोंकी दुहाई देना—यह मानसिक दासता भी साम्यवादके सूक्ष्म किन्तु बलिष्ठ शत्रुओमे है।

शत्रुओके बारेमे कहकर यहाँ साम्यवादके असली सस्थापको और सहायकोंके विषयमे भी कह देना है। साम्यवाद शब्दमे इस समय बहुत आकर्षण है, इसलिए कच्चे-पक्के सभी प्रकारके आदमी इस गिरोहमे आना चाहते हैं। साम्यवादी आन्दोलनके पिछले सौ वर्षके इतिहास को देखनेसे मालूम होगा, कि उसको शत्रुओकी अपेक्षा कच्चे अनुयायियोंसे बहुत ज्यादा हानि पहुँची है। गत युद्धके बाद तो ऐसे लोगोके कारण कुछ देशोमे साम्यवादकी निश्चित सफलता पीढ़ियोके लिए पीछे हट गयी। इसलिए हमे साम्यवाद के कच्चे और पक्के अनुयायियोको पहिचानना चाहिए।

साम्यवादके शब्दसे आकृष्ट होकर आनेवाले लोगोमे धनियोंकी कितनी ही तरुण सन्ताने भी हैं, जिन्हे जवानीकी निष्पक्ष विचार शक्ति दूसरे बन्धनोके ढीला होनेसे उधर खींच लाती है। तो भी उस वक्त उनका निश्चय कच्चा होता है, और उनमेंसे कितने तो (१) फैशनके लिए उधर झुकते हैं, (२) कुछके मनमे झटपट नेता बननेका लोभ भी प्रेरक होता है, (३) कुछके लिए यह बौद्धिक व्यायामका काम देता है, और इस प्रकार असल बात उनके मन के भीतर तक पैठने नहीं पाती। ऐसे लोग क्रियात्मक तौरसे साम्यवादमे उतना योग नही दे सकते, क्योंकि (४) अपने धनी सबधियो और बन्धुओंका खयाल या मुलाहिजा उनके सरगर्मीसे काम करनेमे बाधक होता है। (५)

अपनी भारी आर्थिक हानि उन्हे बराबर आगे बढनेसे रोकती है। (६) शब्दोके पीछे झगड़नेकी उनकी स्वाभाविक प्रवृत्ति होती है, क्योकि जिन्दगीकी असली कठिनाइयोंका उन्हे बहुत कम अनुभव होता है। (७) स्वय वैसा मौका न पड़नेसे गरीबोंके दुःखका ख्याल उन्हे कभी ही कभी और वह भी थोड़े समयके लिए आता है। (८) उनमेसे बहुतोको साम्यवाद ऊपर चढनेके लिए सीढ़ीका काम देता है, और जैसे ही उनका मतलब पूरा हुआ, कि वह उसे धता बताकर अलग हो जाते हैं।

धनिकोंकी तरुण सन्तानो जैसा तो नहीं, तो भी बुद्धिजीवी तरुण साम्यवाद के पक्के सहायक होनेकी योग्यता नहीं रखते; क्योंकि साधारण श्रेणीमे पैदा होनेपर भी उन्हे बड़ा बननेका पूरा अवसर रहता है, और बड़ा बन जानेपर वे आसानीसे अपने पुराने आदर्श और सह-कर्मियोंके साथ विश्वासघात या कृतघ्नताका बर्ताव करनेसे नहीं चूक सकते।

साम्यवादके वास्तविक सस्थापक और समर्थक स्वयं श्रमजीवी—मजदूर और किसान ही हो सकते हैं; क्योंकि (१) उनकी हीन दशा असह्य ग़रीबी उनके भीतर बार-बार उस पीड़ाको जगाती रहेगी; (२) वे इस युद्धमें निर्भयतापूर्वक पड़ सकते हैं, क्योकि उनके पास हारनेके लिए कुछ है ही नहीं। जीतनेपर उन्हें हमेशाकी स्वतंत्रता मिलेगी, और हारनेपर भी तो आगे युद्ध जारी करनेका हमेशाके लिए अवसर उनके हाथसे छिन नही जाता। (३) सख्या या कार्यके ख्यालसे भी ससारके श्रमजीवी एक विशाल शक्ति हैं, जिसका बोध होते ही वे पीछे हटनेका नाम नहीं ले सकते। (४) धनी पूँजीपति श्रमिकोके बनाए हैं, और अपनी शक्ति और समताका उपयोगकर वे उन्हें बिगाड़ सकते हैं।

ऐसा होनेपर भी यह मतलब नही कि कच्चे अनुयायियोंका बहिष्कार करना चाहिए। बुद्धिजीवियोंके सबंधमें उपर्युक्त ख्याल मनमे

रखनए ही उनकी हानिकारकताको हटानेके लिए काफी है। बुद्धिजीवी एक अमिय/सच्चे भावके साथ आते हैं, और कितने ही हमेशाके लिए रह भी जाते हे। साथ ही साम्यवादके लिए उनकी सेवाएँ भी अनमोल हैं। तो भी समय-समयपर किए हुए विश्वासघातोंको देखते हुए साम्यवादी आन्दोलनका असली आधार बुद्धिजीवियोंको न बनाना ही अच्छा है। इसका असली आधार तो श्रमिकवर्ग ही हो सकता है। दूसरी श्रेणीके लोगोमे कितने ही समयपर निकलते और कितने ही आते रहेगे, तथा कार्यकर्त्ताओसे समाज खाली नही होने पाएगा, और इस प्रकार साम्यवादका युद्ध तब तक जारी रहेगा जब तक कि ससारमे धनी-गरीब, शोषक-शोषितका भेद मिट न जाएगा। जब वर्ग-भेद-रहित मानव समाज कायम हो जायगा, उस समय वर्त्तमान् की कठिनाइयाँ ही दूर न हो जाएँगी, बल्कि उसकी अनेक प्रकारकी चिन्ताओं और अव्यवस्थाओं के दूर हो जानेसे मानव-जीवन अधिक शातिमय, सुखमय, और सन्तोषमय होगा, और प्राकृतिक आपदाओके आनेपर अधिक तैयारी, मुस्तैदी, सयम और धैर्यके साथ उनका मुकाबिला किया जा सकेगा। मनुष्यका मनुष्यके साथ बर्ताव भी उस समय अधिक प्रेम, सहानुभूति और समानतापूर्ण तथा दिखावट-शून्य होगा।